빠른 모바일 앱 개발을 위한 React Native 2/E

자바스크립트로 만드는 네이티브 모바일 앱 개발 가이드

Learning React Native 2/E

by Bonnie Eisenman

Authorized Korean translation of the English edition of Learning React Native, 2/E
ISBN 9781491989142 ⓒ 2018 Bonnie Eisenman

Korean-language edition copyright ⓒ 2018 Insight Press

This translation is published and sold by permission of O'Reilly Media, Inc.,
which owns or controls all rights to publish and sell the same.

빠른 모바일 앱 개발을 위한 **React Native 2/E** (리액트 네이티브 2판)

초판 1쇄 발행 2016년 8월 17일 **초판 2쇄 발행** 2017년 11월 30일 **2판 1쇄 발행** 2018년 8월 8일 **2판 2쇄 발행** 2018년 12월 28일 **지은이**
바니 아이젠먼 **옮긴이** 이종은 **펴낸이** 한기성 **펴낸곳** 인사이트 **편집** 이지연 **제작·관리** 박미경 **용지** 월드페이퍼 **출력·인쇄** 현문인쇄
제본 자현제책 **등록번호** 제10-2313호 **등록일자** 2002년 2월 19일 **주소** 서울시 마포구 잔다리로 119 석우빌딩 3층 **전화** 02-322-5143
팩스 02-3143-5579 **블로그** http://blog.insightbook.co.kr **이메일** insight@insightbook.co.kr **ISBN** 978-89-6626-225-0 93000 책값은 뒤
표지에 있습니다. 이 책의 정오표는 http://www.insightbook.co.kr에서 확인하실 수 있습니다. 이 도서의 국립중앙도서관 출판예정도서
목록(CIP)은 서지정보유통지원시스템 홈페이지(http://seoji.nl.go.kr)와 국가자료공동목록시스템(http://www.nl.go.kr/kolisnet)에서 이용하
실 수 있습니다.(CIP제어번호: CIP2018022395)

프로그래밍인사이트

빠른 모바일 앱 개발을 위한

React
Native ²/E

자바스크립트로 만드는
네이티브 모바일 앱 개발 가이드

LEARNING REACT NATIVE 2/E

바니 아이젠먼 지음
이종은 옮김

인사이트
insight

차례

옮긴이의 글

페이스북이 공개한 리액트의 인기는 엄청나다. 자바스크립트로 작성된 리액트는 웹 UI를 만들기 위해 태어났지만 웹이라는 틀 안에서만 동작하는 라이브러리가 아니라는 점이 가장 큰 매력이다. 웹이라는 틀을 깨고 나온 첫 번째 결과물이 바로 네이티브 모바일 앱을 만드는 리액트 네이티브이다. 리액트 네이티브는 HTML, CSS로 화면을 그리는 방식이 아닌 자바스크립트로 작성하고 브리지(bridge)를 통해 네이티브 코드를 동작시키는 진짜 네이티브 앱을 만들 수 있다.

2015년 2월 처음 공개된 리액트 네이티브는 3년이 넘는 시간 동안 빠르게 성숙해왔다. 『빠른 모바일 앱 개발을 위한 React Native 2/E』은 리액트 네이티브의 변화에 맞춰 재구성되었다. 특히 리액트 네이티브와 함께 많이 사용되는 리덕스(redux)와 리액트 내비게이션(react-navigation)을 이용하여 하나의 완성된 리액트 네이티브 앱을 만들어가는 내용이 새롭게 추가되었다. 이 책은 리액트를 만져본 경험을 살려 네이티브 모바일 앱의 세계로 향하려는 개발자에게 최고의 길잡이가 될 것이다.

이 책과의 인연을 만들어주신 김석준 님과 인사이트 출판사, 더 나은 책이 될 수 있도록 리뷰해주신 강명구 님과 김동우 님 그리고 정주원 님, 글쓰기에 첫 발을 내딛게 도와주셨던 김국현 님, 아낌없이 지식을 나눠주는 이 세상 모든 개발자에게 고마운 마음을 전한다.

번역이 무사히 끝날 수 있도록 애써주신 편집자 이지연 님과 늘 곁에서 힘이 되어주는 가족 모두 고맙습니다.

지은이의 글

이 책은 페이스북이 공개한 모바일 애플리케이션을 만드는 리액트 네이티브(React Native)를 소개하는 책이다. 자바스크립트와 리액트에 대한 지식을 활용하여, iOS와 안드로이드에서 동작하고 진짜 네이티브로 렌더링되는 모바일 애플리케이션을 만들고 배포할 수 있다. 전형적인 네이티브 모바일 개발보다 리액트 네이티브를 통한 개발은 이점이 많다. 그렇다고 네이티브의 장점을 포기해야 하는 것도 아니다.

이 책은 아주 기초적인 내용부터, 100% 같은 코드로 iOS와 안드로이드에서 동작하는 완성된 앱을 만드는 방법까지 다루고 있다. 프레임워크를 사용하기 위한 필수적인 내용 외에도 서드파티 라이브러리를 사용하는 방법, 자바 혹은 오브젝티브-C 라이브러리를 이용하여 리액트 네이티브를 확장하는 방법과 내부적으로 어떻게 동작하는지에 대해서도 알아본다.

여러분이 모바일 앱 개발을 시작하려 하는 프런트엔드 소프트웨어 엔지니어나 웹 개발자라면 이 책이 크게 도움이 될 것이다. 리액트 네이티브는 놀라운 프레임워크이다. 여러분도 리액트 네이티브를 탐험하는 재미에 빠지길 기대해본다.

사전 지식

이 책은 리액트를 소개하는 책이 아니다. 리액트에 대한 기본적인 내용을 알고 있다는 전제하에 설명한다. 리액트가 처음이라면 관련된 튜토리얼을 몇 개 살펴보고 나서, 다시 이 책으로 돌아와 모바일 개발을 시작하길 권한다. 특히 리액트의 props와 state의 역할, 컴포넌트의 라이프사이클, 리액트 컴포넌트를 만드는 방법 등에 대해서는 반드시 파악하고 나서 리액트 네이티브를 시작하는 것이 좋다.

책의 예제에서는 모던 자바스크립트 문법 및 JSX를 사용한다. 이 두 가지가 생소하다고 해도 걱정할 필요는 없다. JSX에 대해서는 2장에서 다루고 있고 모던 자바스크립트 문법에 대해서는 부록 A를 참고하면 된다. 본질적으로 이러한 요소들은 여러분에게 익숙한 자바스크립트 코드와 1:1로 변환된다.

리액트 네이티브를 우분투, 윈도우 그리고 맥OS 애플리케이션을 만드는 데 사용할 수도 있지만 이 책은 iOS와 안드로이드에서 동작하는 리액트 네이티브 앱을 만드는 방법에 대해서만 이야기한다. 리눅스와 윈도우 환경에서는 리액트 네이티브로 안드로이드 앱을 개발할 수 있으며 iOS 애플리케이션을 개발하고 싶다면 맥OS 환경이 필요하다.

예제 코드 사용

추가적인 자료(예제 코드, 실습 등)는 *https://github.com/bonniee/learning-react-native*에서 내려받을 수 있다.

이 책은 여러분의 앱 개발을 돕기 위해 존재한다. 이 책에서 사용된 예제 코드를 여러분의 프로그램이나 문서에 사용해도 된다. 이 코드의 상당한 부분을 그대로 사용하는 것이 아니라면 따로 허락받지 않고 사용할 수 있다. 예를 들어 이 책에서 사용된 코드의 몇몇 조각을 사용할 때 이용 허락을 받지 않아도 된다. 이 책의 예제를 CD-ROM으로 팔거나 배포하는 것은 사전에 이용 허락을 받아야 한다. 어떤 문제에 대한 답으로 이 책의 내용이나 예제 코드를 인용하는 것은 허락 없이 사용할 수 있다. 이 책 예제의 대부분을 여러분의 문서에 넣는 경우에는 이용 허락을 받아야 한다.

저작자를 표시해주면 감사하지만 필수는 아니다. 저작자를 표시할 경우 대개 제목, 저자, 출판사 그리고 ISBN을 포함시킨다. 예를 들어 다음과 같이 표기한다. "*Learning React Native, Second Edition*, by Bonnie Eisenman(O'Reilly). Copyright 2018 Bonnie Eisenman, 978-1-491-

98914-2."**1**

여러분이 코드 예제를 사용하는 정도가 위에서 설명한 정당한 사용 범위를 넘어선다고 생각된다면 *permissions@oreilly.com*으로 언제든지 문의하기 바란다.

참고 자료

이 책을 보는 동안 유용할 만한 자료들은 다음과 같다.

- 이 책의 깃허브(GitHub) 저장소는 앞으로 다룰 모든 예제 코드를 포함하고 있다. 뭔가 어려움에 겪고 있거나 관련 코드를 파악하고 싶다면 이 저장소부터 살펴보자.
- 관련된 글이나 제안, 도움이 되는 자료를 원한다면 LearningReact Native.com 메일링 리스트에 가입하자.
- 리액트 네이티브 공식 문서는 훌륭한 참고 자료이다. 게다가 리액트 네이티브 커뮤니티는 정말 도움이 많이 된다.
- 스택 오버플로(Stack Overflow)의 react-native 태그
- Reactiflux 챗 그룹에는 코어 컨트리뷰터와 도움이 되는 개발자들이 많이 포함되어 있다.
- Freenode의 #reactnative(*irc://chat.freenode.net/reactnative*)

감사의 글

모든 것이 그러하듯 이 책 또한 다른 사람들의 도움과 지원이 없었다면 만들어질 수 없었다. 이 프로젝트를 만들어준 편집자인 메그 폴리 (Meg Foley)와 오라일리 팀에게 감사의 말을 전한다. 또한 개인적인 시간을 쪼개 내용을 검토하고 예리한 기술적 피드백을 준 라이언 헐리 (Ryan Hurley), 데이브 벤자민(Dave Benjamin), 데이비드 비버(David

---

1 (옮긴이) 번역서는 다음과 같이 표기한다. 『빠른 모바일 앱 개발을 위한 React Native 2/E』(이종은 옮김, 인사이트, 2018).

Bieber), 제이슨 브라운(Jason Brown), 에리카 포노이(Erica Portnoy)
그리고 조나단 스타크(Jonathan Stark) 모두에게 감사하다. 리액트 네
이티브 팀의 놀라운 결과물이 없었다면 이 책은 존재할 수 없다. 플래시
카드 애플리케이션과 안드로이드 관련해서 도움을 많이 준 자커리 엘리
엇(Zachary Elliott)에게도 감사함을 느낀다.

힘들 때마다 큰 힘이 되어준 친구들과 가족에게 고마움을 전한다.

일러두기

리액트 네이티브 업데이트에 따라 달라진 내용에 대해서는 해당 부분에 옮긴이
가 주석을 달았다. 주석은 리액트 네이티브 0.55 버전을 기준으로 작성했다.

이 책에 쓰인 표시

이 표시는 팁이나 제안을 나타낸다.

이 표시는 메모를 나타낸다.

이 표시는 주의나 경고를 나타낸다.

1장

리액트 네이티브란 무엇인가?

리액트 네이티브는 iOS와 안드로이드에서 동작하는 네이티브 모바일 앱(이하 '앱')을 만드는 자바스크립트 프레임워크이다. 리액트 네이티브는 사용자 인터페이스를 만드는 페이스북의 자바스크립트 라이브러리인 리액트에 기반을 두고 있다. 하지만 브라우저가 아닌 모바일 플랫폼이 타깃이다. 즉, 웹 개발자가 익숙한 자바스크립트 라이브러리를 이용하면서 겉모습과 실제 동작까지 진짜 네이티브인 모바일 앱을 만들 수 있다. 게다가 작성한 코드 대부분을 플랫폼 간에 공유할 수 있어서 리액트 네이티브를 이용하여 손쉽게 iOS와 안드로이드 앱을 동시에 개발할 수 있다.

공식 리액트 네이티브 프로젝트는 iOS와 안드로이드에서 모두 동작하는 모바일 앱을 작성할 수 있게 해준다. 커뮤니티 프로젝트를 이용하면 리액트 네이티브로 윈도우, 우분투, 웹 등 다른 플랫폼에서 동작하는 앱을 만들 수도 있다.

이 책에서는 리액트 네이티브로 안드로이드와 iOS 앱을 만드는 깃에 대해 다룬다. 작성하게 될 대부분의 코드는 크로스 플랫폼이다

그렇다. 여러분은 리액트 네이티브를 이용하여 실제 제품으로 출시

가능한 앱을 만들 수 있다. 실례로 페이스북[1], 에어비앤비[2], 월마트[3], 바이두[4]는 이미 리액트 네이티브로 만든 앱을 사용자에게 제공하고 있다.

1.1 리액트 네이티브의 이점

리액트 네이티브는 코도바(Cordova)나 아이오닉(Ionic)과 같은 기존의 크로스 플랫폼 앱 개발 방법과는 눈에 띄는 차이점이 있다. 바로 대상 플랫폼의 표준 렌더링 API를 사용한다는 점이다. 자바스크립트, HTML과 CSS를 사용하여 모바일 앱을 만드는 기존의 방법들은 웹뷰(webview)를 이용하여 렌더링한다. 이러한 기존 방식은 앱을 실행할 때 유난히 성능이 떨어지는 단점이 있다. 게다가, 대상 플랫폼의 UI 요소들을 대개 이용하지 않는다. 이러한 프레임워크들은 네이티브 UI 요소들을 흉내 내려 하지만 결과는 어색하기 일쑤이다. 애니메이션과 같이 아주 섬세한 부분에 대한 리버스 엔지니어링(reverse engineering)은 엄청나게 노력이 많이 들고 쉽게 구식이 되어버린다.

그에 반해, 리액트 네이티브는 여러분이 작성한 마크업을 플랫폼에 따라 그에 상응하는 진짜 네이티브 엘리먼트로 전환한다. 게다가 리액트는 메인 UI 스레드와 분리되어 실행되기에 앱의 역량을 줄이지 않아도 앱은 빠른 성능을 유지할 수 있다. 리액트 네이티브의 렌더링 갱신 주기는 리액트와 같다. props나 state가 변경될 때 리액트 네이티브는 뷰를 다시 렌더링한다. 리액트 네이티브와 브라우저에서 실행하는 리액트의 가장 큰 차이점은 HTML과 CSS 마크업이 아니라 대상 플랫폼의 UI 라이브러리를 이용해 렌더링한다는 점이다.

이는 평소에 리액트를 이용하여 웹 페이지를 만드는 개발자라면 평상시와 비슷한 도구들을 가지고 성능과 외관 모두 진짜 네이티브인 모바

---

[1] https://code.facebook.com/posts/1014532261909640/react-native-bringing-modern-web-techniques-to-mobile

[2] https://www.youtube.com/watch?v=tUfgQtmG3R0

[3] https://medium.com/walmartlabs/react-native-at-walmartlabs-cdd140589560

[4] https://baike.baidu.com/item/手机百度?fr=aladdin

일 앱을 만들 수 있다는 얘기이다. 개발 경험과 크로스 플랫폼 개발 가능성이라는 두 가지 면에서 리액트 네이티브는 지금까지의 모바일 앱 개발 방법보다 진보했다고 말할 수 있다.

1.1.1 개발 경험

이미 모바일 앱을 개발해봤다면 리액트 네이티브를 이용한 개발이 놀랄 만큼 쉬울 것이다. 리액트 네이티브에는 강력한 개발자 도구와 의미 있는 오류 메시지가 프레임워크에 기본적으로 포함되어 있다. 따라서 개발 과정에서 이러한 강력한 도구를 자연스럽게 사용하게 된다.

예를 들어 리액트 네이티브를 이용하여 앱을 만들 때는 자바스크립트로만 작성하기 때문에 변경사항이 반영되었는지 확인하기 위해 앱을 다시 빌드할 필요가 없다. 대신에 웹 페이지에서 새로고침하듯이 손쉽게 앱을 새로고침할 수 있다. 더 이상 앱이 다시 빌드되기까지 몇 분을 기다리지 않아도 된다. 리액트 네이티브의 빠른 반복 주기는 마치 하늘이 내려준 선물같이 느껴질 것이다.

그 외에도 리액트 네이티브는 똑똑한 디버깅 도구와 에러 리포팅 기능도 제공한다. 크롬이나 사파리 개발자 도구(그림 1-1)에 익숙하다면 모바일 개발에서도 이러한 도구를 사용할 수 있다는 사실이 반가울 것이다. 게다가 여러분이 자바스크립트 개발 시 선호하는 텍스트 에디터를 그대로 사용할 수 있다. 리액트 네이티브는 iOS 앱은 Xcode에서, 안드로이드 앱은 안드로이드 스튜디오(Android Studio)에서만 개발하도록 제한하지 않는다.

게다가 개발 환경이 지속적으로 개선되고 있으므로 리액트 네이티브를 통한 개발 주기는 더욱 빨라질 것이다. 그 예로 애플과 구글은 자바스크립트 기반의 변경사항에 한해 표준 심사 절차 없이 원격으로 로딩하는 것을 허용하고 있다. 특히 며칠 혹은 몇 주까지 걸리는 iOS 리뷰를 거치시 않아도 된다는 점에서 매우 편리하다.

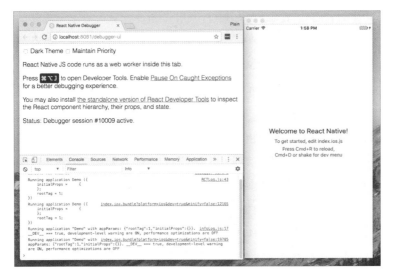

그림 1-1 리액트 네이티브 개발 시 크롬 디버거를 사용하는 화면

이런 작지만 추가적인 특징은 개발자들의 시간과 에너지 절약으로 이어져 개발 생산성이 향상되고 개발자들은 좀 더 중요한 일에 집중할 수 있게 될 것이다.

1.1.2 코드 재사용 및 지식 공유

리액트 네이티브를 사용하면 모바일 앱을 개발하는 데 필요한 리소스(resource)를 상당히 줄일 수 있다. 리액트 코드를 작성하는 방법을 아는 개발자라면 누구나 같은 기술을 가지고 웹이나 iOS, 안드로이드를 타깃으로 하는 결과물을 만들 수 있다. 특정 플랫폼 개발자를 따로 둘 이유를 없앰으로써, 리액트 네이티브는 팀이 더 빠르게 개발하고 지식과 리소스를 더 효과적으로 공유하도록 해줄 것이다.

지식을 공유할 수 있을 뿐만 아니라 작성한 코드 또한 상당 부분을 공유할 수 있다. 작성한 모든 코드가 크로스 플랫폼은 아니다. 어떤 플랫폼에서 어떤 기능을 필요로 하느냐에 따라 때로는 오브젝티브-C나 자바를 다뤄야 할 수도 있다. (네이티브 모듈에 대해서는 7장에서 다룬다.) 리액트 네이티브에서 플랫폼 간에 코드를 재사용하는 것은 놀라울 만큼 간단하다. 페이스북 애드매니저 앱은 안드로이드 버전의 87% 코드를 iOS 버전과 공유하고 있다. 이 책에서 만들어가는 최종 앱인 플래시카드 앱은 모든 코드를 안드로이드와 iOS에서 재사용하고 있다. 이건 매우 큰 장점이다.

1.2 위험과 단점

모든 것이 그렇듯 리액트 네이티브도 단점이 없진 않다. 리액트 네이티브가 여러분의 팀에서 사용하기에 적합한지 여부는 팀의 상황에 따라 달라진다.

리액트 네이티브에는 추가적인 레이어가 있기 때문에 디버깅이 간단하지는 않다. 특히 리액트와 대상 플랫폼 사이에서 발생하는 문제의 디버깅은 더욱 그러하다. 9장에서 리액트 네이티브에서 디버깅하는 자세한 방법과 일반적인 사항에 대해 이야기하겠다.

또한 대상 플랫폼의 새로운 버전이 공개되었을 때(예를 들어 업데이트된 안드로이드 버전에서 새로운 API 세트를 제공할 때를 생각해보자) 리액트 네이티브가 이를 모두 지원하기까지 시간이 좀 걸린다. 다행히 대부분의 경우 여러분이 직접 지원하지 않는 API를 리액트 네이티브에서 사용하도록 구현할 수 있으며 이에 대해서는 7장에서 다룬다. 리액트 네이티브로 구현하다가 어려움에 봉착했을 때 리액트 네이티브만을 고집할 필요가 없다. 많은 회사가 하이브리드 형태로 성공적으로 앱을 구현하고 있다.[5]

앱을 만들 때 사용하는 플랫폼을 바꾸는 것은 매우 큰 변화이다. 그러나 여러분은 곧 이러한 단점들을 뛰어넘는 리액트 네이티브의 장점을 맛보게 될 것이다.

---

5 (옮긴이) 여기서 말하는 하이브리드 형태의 앱 개발은 기존 네이티브 프로젝트 위에 일부 화면 혹은 기능만을 리액트 네이티브로 구현하는 방법을 말한다. 이와 관련된 사항은 *https://facebook.github.io/react-native/docs/integration-with-existing-apps.html*에서 확인할 수 있다.

1.3 요약

웹 개발자가 이미 알고 있는 자바스크립트 지식을 이용하여 강력한 모바일 앱을 만들 수 있다는 사실만으로도 리액트 네이티브는 흥미로운 프레임워크이다. 리액트 네이티브를 이용하면 빠르게 모바일 앱을 개발할 수 있다. 또한 앱의 품질이나 사용자 경험을 희생하지 않고도 iOS와 안드로이드 그리고 웹에 이르기까지 능률적인 코드 공유가 가능하다. 다만 애플리케이션 셋업이 조금 더 복잡해지는 것은 감수해야 한다. 만약 여러분의 팀이 여러 플랫폼에서 동작하는 모바일 앱을 만들고 싶다면 리액트 네이티브를 눈여겨볼 필요가 있다.

다음 장에서는 웹 페이지를 만드는 리액트와 모바일 앱을 만드는 리액트 네이티브의 차이점과 주요 개념에 대해 설명한다. 만약 바로 개발하는 내용으로 건너뛰고 싶다면 첫 리액트 네이티브 앱을 만들기 위한 개발 환경 설정에 대해 이야기하는 3장으로 넘어가도 된다.

2장

리액트 네이티브 다루기

이 장에서는 브리지(bridge)에 대해 이야기하고 리액트 네이티브가 내부적으로 어떻게 동작하는지 살펴본다. 또한 리액트 네이티브의 컴포넌트를 웹과 비교할 때 어떤 점이 다르고, 모바일 앱을 위한 스타일 컴포넌트는 어떻게 만드는지 알아본다.

 개발 절차와 리액트 네이티브를 실제 구현하는 방법을 먼저 알고 싶다면 3장으로 넘어가도 된다.

2.1 리액트 네이티브는 어떻게 동작할까?

자바스크립트로 네이티브 모바일 앱을 만든다는 아이디어가 조금 말이 안 된다고 생각할 수 있다. 네이티브 모바일 앱을 만들 때 리액트를 어떻게 사용할 수 있는 것일까? 기술적인 측면에서 리액트 네이티브의 동작을 이해하려면 먼저 리액트의 특징 중 하나인 가상(Virtual) DOM에 대해서 알아야 한다.

리액트에서 가상 DOM은 화면이 어떤 모습이어야 하는지 개발자가 작성한 내용과 실제 화면에 렌더링되는 것 사이에 존재하는 레이어에 해당한다. 브라우저에서 상호작용하는 사용자 인터페이스를 렌더링하기 위해서 개발자는 반드시 브라우저의 DOM(Document Object Model)을 수정해야 한다. 이는 값비싼 동작으로, 과도한 DOM 수정은 심각한 성능 저하를 유발한다. 리액트는 페이지의 변화를 바로 렌더링하지 않고 먼저 메모리에 존재하는 가상 DOM에서 변화가 필요한 곳을 계산하고 필요한 최소한의 변경사항만 렌더링한다. 그림 2-1은 이런 렌더링 방식이 어떻게 동작하는지 보여준다.

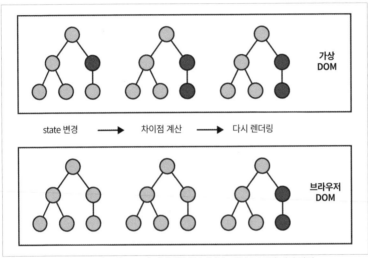

그림 2-1 브라우저 DOM의 렌더링을 최소화하는 가상 DOM의 계산 방법

웹 페이지를 위한 리액트 환경에서 개발자 대부분은 성능 최적화가 가상 DOM의 주된 역할이라고 생각한다. 분명 가상 DOM은 성능 측면에서 이점이 있지만 추상화라는 측면에서 더 큰 잠재력이 있다. 개발자의 코드와 실제 렌더링되는 것 사이에 존재하는 깔끔한 추상화 레이어는 흥미로운 가능성을 열어준다. 만약 리액트가 브라우저의 DOM이 아닌 다른 타깃으로 렌더링하면 어떨까? 타깃과 상관없이 리액트는 앱이 어떻게 보여야 하는지 이미 알고 있다.

사실 이게 바로 리액트 네이티브가 동작하는 방식(그림 2-2)이다. 브라우저의 DOM으로 렌더링하는 대신에 리액트 네이티브는 오브젝티브-C API 호출하여 iOS 컴포넌트로 렌더링하고, 자바 API를 호출하여 안드로이드 컴포넌트로 렌더링한다. 웹 기반의 화면으로 최종 렌더링되는 대부분의 크로스 플랫폼 앱 개발 방법들과 구별되는 리액트 네이티브의 특징이다.

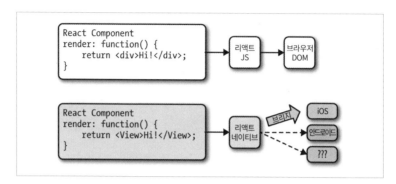

그림 2-2 리액트는 다른 타깃으로 렌더링할 수 있다

이는 리액트 네이티브의 '브리지'가 대상 플랫폼의 네이티브 UI 요소에 접근하는 인터페이스를 제공하기 때문에 가능한 일이다. 리액트 컴포넌트는 렌더 함수에서 어떻게 보여야 하는지가 설명되어 있는 마크업을 전달한다. 이는 웹 페이지를 위한 리액트에서는 바로 브라우저의 DOM으로 전환된다. 리액트 네이티브에서 이 마크업은 대상 플랫폼에 맞춰서 전환된다. 예를 들어 <View>는 iOS의 경우 UIView가 된다.

공식 리액트 네이티브는 현재 iOS와 안드로이드를 지원한다. 가상 DOM이라는 이 추상화 레이어 덕분에 리액트 네이티브는 다른 플랫폼까지 지원할 수 있다. 물론 이는 누군가 다른 플랫폼을 위한 브리지를 만들어야 가능하다. 한 예로 커뮤니티가 주도하는 오픈 소스를 살펴보면 리액트 네이티브로 윈도우와 우분투 데스크톱 앱을 만들 수 있게 해주는 오픈 소스도 있다.

2.2 렌더링 라이프사이클

이미 리액트가 익숙하다면 리액트의 라이프사이클(lifecycle)[1]에 대해 잘 알고 있을 것이다. 브라우저에서 리액트가 동작할 때, 렌더링 라이프 사이클은 여러분이 작성한 리액트 컴포넌트를 마운팅하면서 시작한다 (그림 2-3).

그림 2-3 리액트의 컴포넌트 마운팅 과정

그 후 리액트는 필요에 따라 컴포넌트를 여러 번 렌더링하게 된다.

그림 2-4 리액트의 컴포넌트 렌더링 과정

렌더링 단계에 필요한 HTML 마크업은 리액트 컴포넌트의 render 메서 드를 통해 리액트에 전달된다. 리액트는 필요에 따라 이 마크업을 페이 지에 직접 렌더링한다.

리액트 네이티브에서도 라이프사이클은 웹에서의 렌더링과 같지만 렌더링 절차는 조금 다르다. 왜냐하면 리액트 네이티브는 브리지에 의 존하기 때문이다. 그림 2-2에서 브리지에 대해 대략적으로 살펴봤다. 브리지는 자바스크립트에서 발생하는 호출을 대상 플랫폼의 API와 UI 엘리먼트에 연결한다(예를 들면 iOS의 경우 오브젝티브-C 코드를, 안드 로이드의 경우 자바 코드를 호출한다). 리액트 네이티브는 메인 UI 스 레드에서 동작하지 않기 때문에 사용자 경험에 영향을 주지 않고 비동

---

1 (옮긴이) 리액트 컴포넌트 명세와 라이프사이클(생명주기) *https://reactjs.org/docs/react-component.html#the-component-lifecycle*

기적으로 실행할 수 있다.

2.3 리액트 네이티브 컴포넌트 만들기

모든 리액트의 코드는 리액트 컴포넌트 안에 존재한다. 리액트 네이티브 컴포넌트는 일반적인 리액트 컴포넌트와 대부분 비슷하지만 렌더링과 스타일 적용 방법에서 큰 차이가 있다

2.3.1 뷰 작업하기

리액트를 이용해서 웹 페이지를 만들 때는 일반적인 HTML 요소(<div>, <p>, <span>, <a> 등)를 사용하여 렌더링한다. 리액트 네이티브는 이러한 요소 대신에 플랫폼에 종속적인 리액트 컴포넌트를 사용한다(표 2-1). 가장 기본적인 컴포넌트는 크로스 플랫폼 <View>이다. 단순하고 유연한 UI 요소로 <div>와 유사하다. <View> 컴포넌트는 iOS에서는 UIView로 렌더링되고 안드로이드에서는 View로 렌더링된다.

리액트	리액트 네이티브
<div>	<View>
<span>	<Text>
<li>, <ul>	<FlastList>, 자식 아이템
<img>	<Image>

표 2-1 웹과 리액트 네이티브의 기본 요소 비교

다른 컴포넌트들은 특정 플랫폼에서만 동작한다. 예를 들어 <Date PickerIOS>는 (이름에서 알 수 있듯이) iOS의 표준 날짜 선택기를 렌더링한다. 다음은 RNTester 샘플 앱에서 발췌한 iOS 날짜 선택기 데모 코드이다. 사용법은 간단하다.

```
<DatePickerIOS
    date={this.state.date}
    mode="time"
/>
```

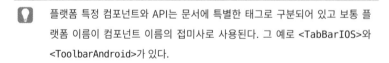

그림 2-5 <DatePickerIOS>는 이름에서 알 수 있듯이 iOS 전용이다

모든 UI 요소는 리액트 컴포넌트로 <div>와 같은 기본 HTML 요소와는 달리, 사용하기 원하는 다른 컴포넌트를 명시적으로 임포트(import)할 필요가 있다. <DatePickerIOS>를 임포트해야 한다면 다음과 같이 작성한다.

```
import {
    DatePickerIOS
} from 'react-native';
```

리액트 네이티브 깃허브 프로젝트에 포함되어 있는 **RNTester** 앱을 실행하면 리액트 네이티브가 지원하는 모든 UI 요소를 살펴볼 수 있다. **RNTester** 앱에 포함된 방대한 요소들을 꼭 한번 살펴보길 권한다. 이 앱 통해 다양한 스타일링과 인터랙션을 어떻게 구현하는지 알 수 있다.

> 🔘 플랫폼 특정 컴포넌트와 API는 문서에 특별한 태그로 구분되어 있고 보통 플랫폼 이름이 컴포넌트 이름의 접미사로 사용된다. 그 예로 <TabBarIOS>와 <ToolbarAndroid>가 있다.

이 컴포넌트들은 플랫폼에 따라 차이가 있어서 리액트 네이티브로 작업할 때 리액트 컴포넌트를 어떻게 구조화하는지가 더욱 중요하다. 리액트로 웹 페이지를 만들 때 컴포넌트의 역할에 따라 마크업을 렌더링하는 컴포넌트와 로직이나 자식 컴포넌트를 다루는 컴포넌트로 구분하여 작성하는 경우가 많다. 리액트 네이티브로 작업할 경우 이렇게 역할에 따라 컴포넌트를 구분하여 작성하는 것은 코드를 플랫폼에 상관없이 재사용할 때 유리하다. 리액트 네이티브의 `<DatePickerIOS>` 컴포넌트는 당연히 안드로이드에서 사용할 수 없지만 관련된 로직은 별도의 컴포넌트로 분리하고 UI 부분만 플랫폼에 따라 교체하면 재사용할 수 있다. 또한 `picker.ios.js`와 `picker.android.js`와 같이 플랫폼에 특화된 버전의 컴포넌트를 개별 파일로 지정할 수도 있다. 이와 관련해 좀 더 자세한 내용은 8.2절 '플랫폼별로 구현되어 있는 컴포넌트'에서 확인할 수 있다.

2.3.2 JSX 사용하기

리액트 네이티브에서도 리액트와 동일하게 JSX(JavaScript XML)를 이용하여 뷰를 만든다. JSX로 마크업과 이를 다루는 자바스크립트를 한 파일 안에 작성하게 된다. 리액트가 처음 공개되었을 때 개발자들은 JSX에 대해 의견이 분분했다. 대부분의 웹 개발자들에게 CSS, HTML, 자바스크립트를 서로 다른 파일로 구분하는 것은 너무나 당연한 일이다. 마크업과 컨트롤 로직, 심지어 스타일까지 한 파일에 작성하는 것은 혼란을 야기할 수 있기 때문이다.

JSX는 기술에 따라 코드를 분리하기보다 하는 일에 따른 분리하는 것을 더 중요하게 생각했다. 이는 리액트 네이티브에서 더욱 엄격히 다뤄진다. 브라우저가 없는 환경에서는 컴포넌트마다 스타일, 마크업, 동작방법을 하나의 파일에 작성하는 것이 더욱 의미가 있다. 리액트 네이티브의 `.js` 파일은 사실 모두 JSX 파일이다. 만약 웹 페이지를 만들 때 JSX가 아닌 기본 자바스크립트로 리액트 작업을 했더라도 리액트 네이티브를 사용할 때는 JSX로 전환하게 될 것이다.

JSX를 본 적 없더라도 문법이 상당히 단순하기 때문에 걱정할 필요는 없다. 다음은 기본 자바스크립트 파일로 만든 리액트 컴포넌트의 예이다.

```
class HelloMessage extends React.Component {
    render() {
        return React.createElement(
            "div",
            null,
            "Hello ",
            this.props.name
        );
    }
}

ReactDOM.render(
    React.createElement(HelloMessage, { name: "Bonnie" }),
mountNode);
```

JSX를 이용하면 이를 더욱 간결하게 만들 수 있다. React.create
Element를 호출하고 HTML 속성들을 넘기는 대신에 XML 형식의 마크
업을 사용한다.

```
class HelloMessage extends Component {
    render() {
        // createElement를 호출하는 대신 마크업을 리턴한다
        return <div>Hello {this.props.name}</div>;
    }
}

    // 더 이상 createElement를 여기서 호출할 필요가 없다
    ReactDOM.render(<HelloMessage name="Bonnie" />, mountNode);
```

앞의 두 코드는 모두 다음 HTML과 같은 페이지에 렌더링한다.

```
<div>Hello Bonnie</div>
```

2.3.3 네이티브 컴포넌트 스타일링

웹 페이지를 만들 때 리액트 컴포넌트의 스타일 지정은 HTML 요소에
스타일을 지정하는 것과 동일하게 CSS를 이용한다. 여러분이 CSS를 좋
아하든 싫어하든 CSS는 웹 개발 시 필요한 존재이다. 리액트는 우리가
CSS를 작성하는 방법에 거의 영향을 주지 않는다. 리액트에서 props와
state를 이용하여 동적으로 CSS class 이름을 만들 수도 있지만 이 외
에는 웹 페이지 스타일을 어떤 방식으로 작성하든 상관없다.

웹이 아닌 다른 플랫폼에서는 레이아웃과 스타일을 적용하는 방법이 다양하다. 다행히 리액트 네이티브에서는 스타일을 적용하는 하나의 표준을 사용한다. 리액트와 대상 플랫폼 사이의 브리지는 매우 간결하게 정리된 CSS 구현체를 가지고 있다. 여기에서는 flexbox 위주로 레이아웃을 한다. CSS와 완전히 같지 않은데 이는 모든 CSS 규칙을 지원하려 하기보다는 스타일 적용을 단순하게 하는 데 초점이 맞춰져 있기 때문이다. 웹 환경에서는 브라우저마다 지원하는 CSS의 범위가 다른데 리액트 네이티브는 같은 스타일 규칙을 지원하도록 강제화할 수 있다. 다양한 UI 요소의 예제를 볼 수 있었던 리액트 네이티브에 포함된 RNTester[2] 예제 앱에는 지원하는 스타일의 사용 예가 포함되어 있다.

또한 리액트 네이티브는 자바스크립트 객체로 존재하는 인라인 스타일을 사용하라고 강조하고 있다. 리액트 팀은 웹을 위한 리액트 때부터 이를 강조했다. 리액트의 인라인 스타일을 경험한 적이 있다면 다음 코드가 친숙할 것이다.

```
// 스타일 정의...
const style = {
    backgroundColor: 'white',
    fontSize: '16px'
};

// ...스타일 적용
const txt = (
    <Text style={style}>
        A styled Text
    </Text>);
```

리액트 네이티브는 스타일 객체를 만들고 확장하는 도구를 제공한다. 이는 인라인 스타일을 다루기 쉽게 해준다. 이에 대해서는 5장에서 다룬다.

인라인 스타일을 사용하는 점이 불편하게 느껴질 수 있다. 웹을 개발했던 경험에 비추어볼 때, 인라인 스타일은 표준 개발 방법을 명백히 거

---

2 *https://github.com/facebook/react-native/tree/master/RNTester*

스른다. 스타일을 객체로 작성하는 것은 스타일시트로 작성하는 것과 다르기 때문에 스타일시트를 작성하던 기존의 습관은 버리고 새롭게 스타일을 작성하는 방법을 익혀야 한다. 그렇지만 이는 리액트 네이티브 관점에서 보면 유익한 변화이다. 스타일을 작성하는 가장 좋은 방법과 워크플로(workflow)에 대해서는 5장에서 살펴보겠다. 실제로 사용해 보면 놀라지 않을 수 없다.

2.4 대상 플랫폼 API

리액트 웹과 리액트 네이티브의 가장 큰 차이점은 대상 플랫폼 API를 대하는 방식이다. 웹 환경에서는 아직도 브라우저마다 표준 기술을 지원하고 있는 정도가 다른데 이런 파편화 특성은 해결해야 하는 문제로 취급된다. 이와 달리 리액트 네이티브에서는 해당 플랫폼에서만 지원하는 플랫폼 특유의 API는 멋지고 자연스러운 사용자 경험을 만듦에 있어 중요한 열쇠가 된다. 물론 여기에도 고려해야 할 사항이 많다. 모바일 API는 데이터 저장소, 위치 서비스, 카메라와 같은 하드웨어 접근에 대한 모든 것을 포함하고 있다. 새롭게 나타나는 플랫폼들은 그들만의 흥미로운 API를 많이 포함하고 있다. 한 예로 가상현실 헤드셋 플랫폼을 생각해보자. 리액트 네이티브가 이를 지원한다면 어떻게 인터페이스를 만들어야 할까?

기본적으로 iOS와 안드로이드를 위한 리액트 네이티브는 일반적으로 많이 사용되는 기능을 대부분 지원하고 있다. 그리고 리액트 네이티브는 비동기 네이티브 API도 지원할 수 있다. 이 책에서는 이러한 기능과 API의 대부분을 살펴본다. 대상 플랫폼의 API를 리액트 네이티브에서 사용할 수 있게 만드는 과정은 직관적이고 단순해서 여러분도 어렵지 않게 시도해볼 수 있다. 대상 플랫폼에서 당연하게 여겨지는 것이 무엇인지 생각하고 자연스러운 상호작용을 만들어야 한다는 점을 잊지 말자.

틀림없이 리액트 네이티브 브리지를 통해 대상 플랫폼의 모든 기능을 지원하지는 않을 것이다. 만약 지원하지 않는 기능을 써야 할 상황에 처한다면 리액트 네이티브에서 해당 기능을 사용할 수 있도록 직접 구현해야 할지도 모른다. 이미 다른 사람이 해당 기능을 리액트 네이티브에서 사용할 수 있도록 만들었을 수도 있으니 오픈 소스를 검색해보길 권한다. 이와 관련된 내용은 7장에서 자세히 살펴보겠다.

대상 플랫폼 API를 활용하는 것은 코드 재사용과 밀접한 관계가 있음을 기억하자. 특정 플랫폼에만 존재하는 기능을 사용하는 리액트 컴포넌트는 당연히 해당하는 플랫폼에서만 동작한다. 이런 컴포넌트를 분리하고 캡슐화하는 것은 여러분의 앱을 더욱 유연하게 만들어준다. 리액트로 웹을 만드는 경우에도 마찬가지다. 리액트와 리액트 네이티브에서 모두 사용 가능한 컴포넌트를 만들려면 DOM과 같은 것들은 리액트 네이티브에는 존재하지 않는다는 사실을 잊지 말아야 한다.

2.5 요약

모바일 앱에 렌더링할 리액트 네이티브 컴포넌트를 만드는 것은 웹 페이지에 렌더링할 리액트 컴포넌트를 만드는 것과 조금 다르다. JSX는 필수이며 <div>와 같은 HTML 요소 대신에 <View>와 같은 컴포넌트가 기본 구성요소이다. 스타일 적용 방법도 꽤나 다르다. CSS 기반이지만 웹에서 지원하는 모든 CSS 속성을 지원하지도 않으며 인라인으로 스타일을 지정해야 한다. 이러한 변화가 있어도 여전히 관리가 용이하다. 이 장에서 알게 된 내용을 바탕으로 다음 장에서 첫 번째 앱을 만들어보자.

3장

L e a r n i n g **R e a c t N a t i v e**

나의 첫 애플리케이션 만들기

이 장에서는 리액트 네이티브 작업을 위한 로컬 개발 환경을 어떻게 설정하는지 살펴보자. 그리고 나서 iOS와 안드로이드 기기로 배포할 수 있는 간단한 앱을 만들어보자.

3.1 환경 설정

개발 환경을 설정하고 나면 이 책의 예제를 따라 할 수 있으며 결국 여러분만의 앱을 만들게 될 것이다.

리액트 네이티브 개발 환경 설정 방법은 크게 두 가지로 나눌 수 있다. 하나는 매우 빠르고 쉽게 설정 가능한 Create React Native App이라는 도구를 사용하는 방법이다. 이는 자바스크립트만 사용하는 앱만 지원한다. 다른 하나는 아주 전형적인 방법[1]으로 리액트 네이티브와 그 디펜던시(dependency)까지 모두 설치하게 되는 방법이다. Create React Native App은 손쉽게 테스트 및 프로토타이핑할 수 있게 해주는 치트키 같은 존재이다.

Create React Native App에서 전형적인 리액트 네이티브 프로젝트로

---

1 (옮긴이) react-native init 명령어를 이용하여 프로젝트를 생성하는 방법이 전형적인 개발 환경 설정에 속한다.

전환하는 방법은 부록 C에 설명되어 있다.

 어떤 방법을 사용해야 할까? 교육적인 목적이나 프로토타이핑을 생각하는 초심
자에게는 Create React Native App을 추천한다.
리액트 네이티브 앱을 전문적으로 사용하거나 자바스크립트와 자바, 오브젝티
브-C 혹은 스위프트(Swift) 코드와 같은 네이티브 코드를 함께 사용하는 하이브
리드 앱을 작성하게 된다면 결국 전형적인 리액트 네이티브 개발 설정을 사용하
게 될 것이다.

두 가지 방법에 대해 곧 설명하겠다. 앞으로 나오는 예제 코드는 기본적
으로 두 가지 개발 환경에서 모두 동작한다. Create React Native App
과 호환되지 않고 전형적인 리액트 네이티브 프로젝트가 필요한 코드를
설명할 때는 따로 명시하겠다.

3.2 개발 환경 설정: Create React Native App

Create React Native App[2]은 Xcode나 안드로이드 스튜디오를 설치할
필요 없이 리액트 네이티브 앱을 생성하고 실행할 수 있게 해주는 커맨
드 라인 도구이다.

뚝딱 실행해보길 원한다면 Create React Native App을 선택하라.

 Create React Native App은 훌륭한 도구이다. 하지만 앞서 말했듯이 이는 자
바스크립트로만 작성된 앱만 지원한다. 자바나 오브젝티브-C 코드도 함께 작성
하여 만든 리액트 네이티브 앱과 통합하는 방법에 대해서는 이 책 후반부에서
다룬다. Create React Native App으로 시작하더라도 언제든지 eject 명령어
를 실행하여 전형적인 리액트 네이티브 프로젝트로 바꿀 수 있으니 걱정 말라.

create-react-native-app 패키지를 npm(node.js package manager)을
이용하여 설치하자. 리액트 네이티브는 npm을 이용하여 디펜던시를
관리한다. npm에는 node.js 관련 패키지만 있는 것이 아니라 자바스크

---

2 *https://github.com/react-community/create-react-native-app*

립트 프로젝트를 위한 패키지라면 무엇이든 상관없이 등록되어 있다.

```
npm install -g create-react-native-app
```

3.2.1 create-react-native-app을 이용하여 첫 앱 생성하기

Create React Native App을 이용하여 새로운 프로젝트를 생성하는 명
령어는 다음과 같다.

```
create-react-native-app first-project
```

이 명령어는 애플리케이션 프로젝트를 생성하고 보일러플레이트(boiler-
plate)[3] 코드와 함께 약간의 자바스크립트 디펜던시를 설치한다. 생성된
프로젝트 디렉터리 구조는 다음과 같다.

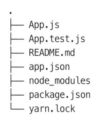

```
.
├── App.js
├── App.test.js
├── README.md
├── app.json
├── node_modules
├── package.json
└── yarn.lock
```

생성된 프로젝트 구조는 간단한 자바스크립트 프로젝트에서나 보게 되
는 구조이다. package.json 파일에는 프로젝트 관련 메타데이터와 디펜
던시 정보가 포함되어 있다. README.md 파일에는 프로젝트를 실행하는
방법에 대해 설명되어 있다. App.test.js에는 간단한 테스트 코드가 들
어있다. App.js가 실제 앱 코드이다. App.js는 생성된 프로젝트를 수정
하여 여러분만의 앱을 만들기 위한 시작점이다.

3.5절 '날씨 앱 만들기'에서 이 코드가 어떤 일을 하는지 자세히 살펴
보겠다.

---

3 (옮긴이) 프로그래밍에서 말하는 보일러플레이트는 동작을 위해 반드시 포함되어야 하는, 필수
내용이 포함된 코드를 말한다. 일반적으로 수정하지 않아도 동작하는 코드이며, 필요에 따라 이
코드를 바탕으로 수정하여 사용하게 되는 기본 틀을 일컫는다. 이 용어에 대한 자세한 설명은 위
키피디아에서 확인할 수 있다. *https://en.wikipedia.org/wiki/Boilerplate_code*

3.2.2 iOS와 안드로이드에서 앱 실행하기

좋다, 이제 앱을 테스트할 준비가 끝났다. 앱을 실행하기 위해 다음 명령어를 실행하자.

```
cd first-project
npm start
```

그림 3-1과 같은 화면이 나타날 것이다.

```
8:49:59 PM: Starting packager...
Packager started!

To view your app with live reloading, point the Expo app to this QR code.
You'll find the QR scanner on the Projects tab of the app.
```

```
Or enter this address in the Expo app's search bar:

  exp://192.168.0.2:19002

Your phone will need to be on the same local network as this computer.
```

그림 3-1 QR 코드를 이용한 Create React Native App 실행하기

앱을 확인하기 위해서는 iOS나 안드로이드용 Expo[4] 앱이 필요하다. 이

---

4 *https://expo.io*

를 설치 후 실행하여 카메라로 이 QR 코드를 찍으면 방금 생성한 리액트 네이티브 앱이 스마트폰에서 실행된다.[5] 단, 여러분의 스마트폰과 컴퓨터가 서로 통신할 수 있도록 같은 네트워크에 접속되어 있어야 한다.

축하한다! 첫 리액트 네이티브 앱을 만들고 컴파일하고 실제 디바이스에서 실행까지 해보았다.

다음 절에서는 전형적인 리액트 네이티브 개발 환경을 설치하는 방법에 대해 다룬다. 바로 프로그래밍을 시작하고 싶다면 3.4절 '샘플 코드 살펴보기'로 넘어가도 된다.

3.3 개발 환경 설정: 전형적인 방법

리액트 네이티브와 그 디펜던시 설치 방법은 공식 리액트 네이티브 문서[6]에서 확인할 수 있다.

윈도우, 맥OS, 리눅스에서 리액트 네이티브 앱을 개발할 수 있다. 하지만 iOS 앱을 개발하기 위해서는 맥OS가 필요하다. 리눅스와 윈도우 상에서는 안드로이드 앱 개발이 가능하다.

리액트 네이티브 버전에 따라 설치 방법에 차이가 있기 때문에 여기서는 자세히 다루지는 않겠지만 공통적으로 준비되어야 할 항목은 다음과 같다.

- node.js
- 리액트 네이티브
- iOS 개발 환경(Xcode)
- 안드로이드 개발 환경(JDK, 안드로이드 SDK, 안드로이드 스튜디오)

iOS와 안드로이드 개발 도구 모두를 설치하고 싶지 않다면 하나만 설치해도 상관없다. 최소 하나의 환경에 대한 개발 도구는 설치해야 한다.

---

5 (옮긴이) Expo 앱은 최근 QR 코드 인식 기능을 제거했다. 화면에 나온 exp://로 시작하는 URL을 Expo가 설치된 디바이스에 직접 누르거나 npm start 실행 후 s를 눌러 해당 링크를 이메일이나 SMS로 전송가능하다. QR 코드를 이용하고 싶다면 iOS 기본 카메라 앱과 같은 다른 QR 코드 인식기를 이용하면 된다. 이 외에도 exp cli 도구를 설치하여 exp send 명령어를 이용하는 방법도 있다.

6 *http://facebook.github.io/react-native*

3.3.1 react-native 명령어를 이용한 첫 앱 생성하기

리액트 네이티브 커맨드 라인 도구를 이용하여 앱을 만들 수 있다. 커맨드 라인 도구를 설치하려면 다음 명령어를 실행하자.

```
npm install -g react-native-cli
```

설치가 완료되면 다음 명령어로 iOS와 안드로이드 보일러플레이트가 포함된 새로운 리액트 네이티브 프로젝트를 생성할 수 있다.

```
react-native init FirstProject
```

생성된 프로젝트의 디렉터리 구조는 다음과 같다.

```
.
├── __tests__
├── android
├── app.json
├── index.android.js
├── index.ios.js
├── ios
├── node_modules
├── package.json
└── yarn.lock
```

ios/와 /andriod 디렉터리에는 각 플랫폼별로 자동 생성된 기본 코드가 있다. 생성된 리액트 네이티브 앱의 실행 시작점에 해당하는 리액트 코드는 index.ios.js와 index.android.js에 들어있다.[7] npm을 통해 설치된 디펜던시는 node_modules에 위치한다.

3.3.2 iOS에서 앱 실행하기

iOS에서 생성한 앱을 실행하려면 다음과 같이 먼저 생성한 프로젝트의 디렉터리로 이동한다. 다음 명령어로 해당 폴더로 이동하고 실행할 수 있다.

---

7 (옮긴이) 리액트 네이티브 0.49 버전부터는 iOS, 안드로이드 구분 없이 하나의 index.js만을 포함하고 있다.

```
cd FirstProject
react-native run-ios
```

다음과 같이 Xcode를 이용하여 iOS 시뮬레이터를 켜고 앱을 실행할 수
도 있다.

```
open ios/FirstProject.xcodeproj
```

Xcode를 이용하면 테스트를 위해 실제 디바이스에 앱을 실행할 수도
있다. 디바이스에 실행하기 위해서는 먼저 애플(Apple) 계정이 필요하
며 코드 서명(code signing) 설정을 해야 한다. 테스트까지는 무료 계정
으로도 가능하다.

코드 서명을 설정하려면 프로젝트를 Xcode로 열고 Project Navigator
에서 프로젝트 이름과 같은 메인 타깃을 선택한다. 그다음 General 탭
을 선택한다. Signing 메뉴의 Team 드롭다운 메뉴에서 자신의 애플 개
발자 계정을 선택한다(그림 3-2). 이와 동일하게 Tests 타깃에도 적용
하자.

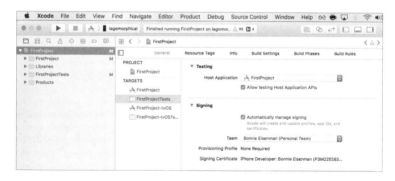

그림 3-2 실제 디바이스에 생성한 앱을 실행하기 위한 Xcode의 Team 설정

Xcode로 해낭 디바이스에 처음으로 앱을 실행하고자 할 경우 Xcode는
개발 버전 실행을 위해 애플 계정에 디바이스를 등록한다.

실제 iOS 디바이스로 앱을 실행하는 방법에 대한 자세한 설명은 애플
공식 문서[8]에 나와있다.

---

8 *https://help.apple.com/xcode/mac/current/#/dev60b6fbbc7*

이와 같이 iOS 디바이스에서 앱을 실행할 때 개발 중인 컴퓨터와 iOS 디바이스가 같은 네트워크에 연결되어야 함을 기억하자.

3.3.3 안드로이드에서 앱 실행하기

안드로이드상에서 앱을 실행하려면 안드로이드 스튜디오와 안드로이드 SDK를 포함한 안드로이드 개발에 필요한 모든 설정이 완료되어 있어야 한다. 안드로이드 개발을 위한 디펜던시를 확인하려면 Getting Started 문서[9]를 살펴본다.

다음 명령어로 리액트 네이티브 앱을 안드로이드에서 실행할 수 있다.

```
react-native run-android
```

안드로이드 스튜디오에서 앱을 열어 컴파일하고 실행할 수도 있다.

안드로이드 에뮬레이터나 USB로 연결된 실제 디바이스에서 앱을 실행할 수 있다. 실제 디바이스에서 실행하기 위해서는 디바이스의 개발자 옵션에서 USB 디버깅을 활성화해야 한다. 더 자세한 사항은 안드로이드 스튜디오 문서[10]에 나와 있다.

3.4 샘플 코드 살펴보기

앞에서 기본 앱을 실행하고 배포해봤다. 이제는 이 앱이 어떻게 동작하는지 살펴볼 차례이다. 이번 절에서는 기본 앱의 소스 코드와 리액트 네이티브 프로젝트의 구조를 파헤쳐보자.

Create React Native App을 이용했다면 App.js파일을 열어보자(예제 3-1). 전형적인 리액트 네이티브 프로젝트를 사용한다면 index.ios.js 혹은 index.android.js를 열어보자(예제 3-2).[11]

---

9 https://facebook.github.io/react-native/docs/getting-started.html
10 https://developer.android.com/studio/debug/dev-options.html
11 (옮긴이) 리액트 네이티브 버전에 따라 프로젝트 생성 시 만들어지는 파일의 내용이 다를 수 있다.

예제 3-1 Create React Native App으로 생성한 프로젝트의 시작 코드인 App.js

```javascript
import React from "react";
import { StyleSheet, Text, View } from "react-native";

export default class App extends React.Component {
    render() {
        return (
            <View style={styles.container}>
                <Text>Hello, world!</Text>
            </View>
        );
    }
}

const styles = StyleSheet.create({
    container: {
        flex: 1,
        backgroundColor: "#fff",
        alignItems: "center",
        justifyContent: "center"
    }
});
```

예제 3-2 전형적인 리액트 네이티브 프로젝트의 시작 코드인 index.ios.js(index.android.js)

```javascript
import React, { Component } from 'react';
import {
    AppRegistry,
    StyleSheet,
    Text,
    View
} from 'react-native';

export default class FirstProject extends Component {
    render() {
        return (
            <View style={styles.container}>
                <Text style={styles.welcome}>
                    Welcome to React Native!
                </Text>
                <Text style={styles.instructions}>
                    To get started, edit index.ios.js
                </Text>
                <Text style={styles.instructions}>
                    Press Cmd+R to reload,{'\n'}
                    Cmd+D or shake for dev menu
                </Text>
            </View>
```

```
            );
        }
    }

    const styles = StyleSheet.create({
        container: {
            flex: 1,
            justifyContent: 'center',
            alignItems: 'center',
            backgroundColor: '#F5FCFF',
        },
        welcome: {
            fontSize: 20,
            textAlign: 'center',
            margin: 10,
        },
        instructions: {
            textAlign: 'center',
            color: '#333333',
            marginBottom: 5,
        },
    });

    AppRegistry.registerComponent('FirstProject', () => FirstProject);
```

이 코드들이 무슨 일을 하는지 살펴볼 차례이다.

예제 3-3을 보면 import 구문이 웹 기반의 리액트 프로젝트와는 조금
다르게 사용되어 있다.

예제 3-3 리액트 네이티브의 UI 엘리먼트 import 방법

```
import React, { Component } from "react";
import {
    StyleSheet,
    Text,
    View
} from "react-native";
```

여기에는 흥미로운 구문이 있다. React를 import하는 방법은 일반적인
데 그다음 줄은 무엇을 하는 코드일까?

리액트 네이티브에서 한 가지 불편한 점은, 사용하려는 네이티브로
제공되는 모듈을 모두 명시적으로 import해야 한다는 점이다. <div>
처럼 바로 사용할 수 있는 것이 아니라 <View>와 <Text>와 같은 컴포

넌트를 사용하고자 할 때 명시적으로 불러와야 한다. StyleSheet나 AppRegistry와 같은 라이브러리 함수의 경우에도 이 구문을 이용하여 명시적으로 불러와야 한다. 일단 직접 앱을 만들면서 불러와야 하는 리액트 네이티브 기능들을 살펴보자.

만약에 이러한 문법에 익숙하지 않다면 ES6에 대해 자세히 설명한 부록 A의 예제 A-2를 살펴보자.

다음으로 예제 3-4의 컴포넌트 클래스를 살펴보자. 이 코드는 통상적인 리액트 컴포넌트이기 때문에 너무나 익숙할 것이다. 주된 차이점이라면 <div>나 <span> 대신에 <Text>와 <View>를 사용한다는 점과 style 객체를 사용한다는 점이다.

예제 3-4 FirstProject 컴포넌트와 스타일 객체

```
export default class FirstProject extends Component {
    render() {
        return (
            <View style={styles.container}>
                <Text style={styles.welcome}>
                    Welcome to React Native!
                </Text>
                <Text style={styles.instructions}>
                    To get started, edit index.ios.js
                </Text>
                <Text style={styles.instructions}>
                    Press Cmd+R to reload,{'\n'}
                    Cmd+D or shake for dev menu
                </Text>
            </View>
        );
    }
}

const styles = StyleSheet.create({
    container: {
        flex: 1,
        justifyContent: 'center',
        alignItems: 'center',
        backgroundColor: '#F5FCFF',
    },
    welcome: {
        fontSize: 20,
        textAlign: 'center',
```

```
        margin: 10,
    },
    instructions: {
        textAlign: 'center',
        color: '#333333',
        marginBottom: 5,
    },
});
```

앞서 언급했듯이 리액트 네이티브의 모든 스타일은 스타일시트 대신에 스타일 객체를 통해 작성하게 된다. StyleSheet 라이브러리를 활용하여 스타일 객체를 작성하는 것이 표준 방법이다. 이 파일의 하단을 보면 스타일 객체를 사용하여 정의된 코드가 있다. <Text> 컴포넌트에 글자 스타일에 해당하는 fontSize 속성을 지정할 수 있고 레이아웃 방법은 flexbox를 이용하여 지정한다. flextbox를 이용해서 레이아웃을 작성하는 방법에 대해서는 5장에서 자세히 다루겠다.

　샘플 앱은 리액트 네이티브 앱을 만들기 위해 필요한 기본적인 기능을 보여주는 좋은 예제이다. 이 샘플을 통해 리액트 네이티브 환경에서 렌더링하려는 컴포넌트를 어떻게 연결하는지 알 수 있고 스타일과 렌더링 코드 작성의 기본적인 사항을 확인할 수 있다. 또한 이 프로젝트를 실행해봄으로써 개발 설정이 잘 되었는지 간단히 확인할 수 있고 실제 디바이스에도 배포해볼 수 있다. 어디까지나 이 프로젝트는 사용자와의 상호작용이 하나도 없는 아주 기본적인 프로젝트이다. 더 많은 기능을 갖춘 앱으로 만들어보자.

3.5 날씨 앱 만들기

이번에는 생성된 예제 앱을 수정하여 날씨 앱을 만들어보자. 이 앱을 만드는 과정에서 StyleSheets, flexbox, 네트워크 통신, 사용자 입력 그리고 이미지를 활용하여 안드로이드와 iOS 디바이스에 배포 가능한 유용한 앱을 어떻게 만드는지 알게 될 것이다.

이 절에서는 각 기능에 대해 자세히 설명하기보다 대략적인 내용을 살펴보는 데 집중하기 때문에 각 기능이 약간 모호하게 느껴질 수도 있다. 이 날씨 앱은 나중에 각 기능에 대해 자세히 이야기하는 절에서 유용한 참고 예제가 될 것이다. 따라서 진도가 너무 빠르다고 느껴져도 걱정할 필요 없다.

그림 3-3에서와 같이 완성된 앱에는 사용자가 zip 코드(우편번호)를 입력할 수 있는 텍스트 필드가 있다. 사용자 입력에 따라 OpenWeather Map API를 통해 현재 날씨를 가져오고 화면에 보여준다.

그림 3-3 완성된 날씨 앱

첫 번째로 할 일은 샘플 앱의 기본 코드를 수정하는 일이다. 초기 컴포넌트를 WeatherProject.js라는 파일로 분리한다.

전형적인 리액트 네이티브 프로젝트를 생성했다면 index.ios.js와 index.android.js의 내용을 예제 3-5와 같이 변경해야 한다.

예제 3-5 수정된 index.ios.js와 index.android.js의 코드

```
import { AppRegistry } from "react-native";
import WeatherProject from "./WeatherProject";
AppRegistry.registerComponent("WeatherProject", () => WeatherProject);
```

이와 마찬가지로 Create React Native App로 프로젝트를 생성했다면 App. js 파일을 예제 3-6과 같이 수정해야 한다.

예제 3-6 **Create React Native App**의 수정된 App.js의 코드

```
import WeatherProject from "./WeatherProject";
export default WeatherProject;
```

3.5.1 사용자 입력 다루기

사용자가 zip 코드를 입력할 수 있고 입력한 지역의 일기예보를 얻어오도록 만들어야 한다. 먼저 사용자 입력을 받기 위해 텍스트 필드를 추가하자. zip 코드를 컴포넌트의 초기 state로 지정할 수 있다(예제 3-7 참고).

예제 3-7 render 함수 이전에 **zip 코드** 정보를 컴포넌트에 추가한다.

```
constructor(props) {
    super(props);
    this.state = { zip: "" };
}
```

자바스크립트 클래스 대신에 React.createClass()를 이용하여 컴포넌트를 만드는 데 익숙하다면 이 코드가 낯설 것이다. 컴포넌트 클래스를 생성할 때, construct 함수 안에서 this.state에 값을 할당하여 리액트 컴포넌트의 state 초깃값을 지정한다. 리액트 컴포넌트의 라이프사이클에 대해 자세히 알고 싶다면 리액트 문서[12]를 살펴보자.

다음으로 예제 3-8과 같이 <Text> 컴포넌트 중 하나를 this.state.zip 의 내용이 표시되도록 바꾸자.

---

12 *https://facebook.github.io/react/docs/react-component.html*

예제 3-8 현재 zip 코드를 표시하도록 <Text> 컴포넌트를 추가한다.

```
<Text style={styles.welcome}>
    You input {this.state.zip}.
</Text>
```

이와 별도로 <TextInput> 컴포넌트를 추가하자(예제 3-9). 이 컴포넌트는 사용자로부터 텍스트 입력을 받을 수 있는 기본 컴포넌트이다.

예제 3-9 사용자의 텍스트 입력을 위한 <TextInput> 컴포넌트

```
<TextInput
    style={styles.input}
    onSubmitEditing={this._handleTextChange}/>
```

<TextInput>의 다양한 속성은 리액트 네이티브 문서[13]에 자세히 설명되어 있다. <TextInput>에 onChange나 onFoucs 같은 이벤트를 다루는 콜백 함수를 추가할 수 있다. 하지만 지금 이 시점에서 당장 필요한 이벤트는 아니다.

앞에서 간단한 스타일을 <TextInput>에 추가했다. 스타일시트에 input 스타일을 추가하자.

```
const styles = StyleSheet.create({
    ...
    input: {
      fontSize: 20,
      borderWidth: 2,
      height: 40
      }
    ...
});
```

props의 onSubmitEditing에 지정하는 콜백은 예제 3-10과 같이 함수로 컴포넌트에 추가되어야 한다.

예제 3-10 <TextInput>의 handleText 콜백

```
_handleTextChange = event => {
    this.setState({zip: event.nativeEvent.text})
}
```

---

13 *http://facebook.github.io/react-native/docs/textinput.html#content*

두꺼운 화살표 문법으로 콜백 함수를 지정하여 콜백 함수가 컴포넌트 인스턴스에 바인딩되도록 한다. 리액트의 render와 같은 자동으로 바인딩되는 라이프사이클 메서드를 제외하고는 바인딩에 주의해야 한다. 두꺼운 화살표 문법은 부록 A-8에 나와 있다.

예제 3-11과 같이 import 부분을 수정해야 한다.

예제 3-11 리액트 네이티브에서 UI 요소 불러오기

```
import {
    ...
    TextInput
    ...
} from "react-native";
```

자, 그럼 iOS 시뮬레이터 혹은 안드로이드 에뮬레이터를 이용하여 앱을 실행해보자. 예쁘진 않지만 zip 코드를 성공적으로 입력할 수 있고, 입력한 값이 <Text> 컴포넌트에 반영될 것이다.

원한다면 다섯 자리의 숫자 입력을 보장하기 위해 간단한 검증 코드를 추가할 수 있지만 지금은 생략하겠다.

예제 3-12는 WeatherProject.js의 전체 코드에 해당한다.

예제 3-12 WeatherProject.js, 이 버전은 사용자 입력을 받아서 기록한다

```
import React, { Component } from "react";

import { StyleSheet, Text, View, TextInput } from "react-native";

class WeatherProject extends Component {
    constructor(props) {
        super(props);
        this.state = { zip: "" };
    }

    _handleTextChange = event => {
        this.setState({ zip: event.nativeEvent.text });
    };

    render() {
        return (
            <View style={styles.container}>
                <Text style={styles.welcome}>
```

```
                You input {this.state.zip}.
            </Text>
            <TextInput
                style={styles.input}
                onSubmitEditing={this._handleTextChange}
            />
        </View>
    );
    }
}

const styles = StyleSheet.create({
    container: {
        flex: 1,
        justifyContent: "center",
        alignItems: "center",
        backgroundColor: "#F5FCFF"
    },
    welcome: { fontSize: 20, textAlign: "center", margin: 10 },
    input: {
        fontSize: 20,
        borderWidth: 2,
        padding: 2,
        height: 40,
        width: 100,
        textAlign: "center"
    }
});

export default WeatherProject;
```

3.5.2 데이터 표시하기

이제 입력한 zip 코드에 해당하는 지역의 일기예보를 표시해보자. 목업
데이터(Mock Data)를 state의 초깃값으로 넣는 것부터 해보자.

```
constructor(props) {
    super(props);
    this.state = { zip: "", forecast: null };
}
```

명확히 하기 위해, 일기예보 렌더링을 별도의 컴포넌트로 분리해보자.
Forecast.js라는 파일을 만들어라(예제 3-13).

예제 3-13 Forecast.js에 선언된 <Forecast> 컴포넌트

```javascript
import React, { Component } from "react";

import { StyleSheet, Text, View } from "react-native";

class Forecast extends Component {
    render() {
        return (
            <View style={styles.container}>
                <Text style={styles.bigText}>
                    {this.props.main}
                </Text>
                <Text style={styles.mainText}>
                    Current conditions: {this.props.description}
                </Text>
                <Text style={styles.bigText}>
                    {this.props.temp}°F
                </Text>
            </View>
        );
    }
}

const styles = StyleSheet.create({
    container: { height: 130 },
    bigText: {
        flex: 2,
        fontSize: 20,
        textAlign: "center",
        margin: 10,
        color: "#FFFFFF"
    },
    mainText: { flex: 1, fontSize: 16, textAlign: "center", color: "#FFFFFF" }
});

export default Forecast;
```

<Forecast> 컴포넌트는 자신의 props를 기반으로 몇 개의 <Text>를 렌더링할 뿐이다. 여기에서도 글자 색을 지정하는 간단한 스타일을 파일의 하단에 추가했다.

  <Forecast> 컴포넌트를 불러오고 이를 render 함수에 추가한다. 그리고 this.state.forecast를 props로 컴포넌트에 전달한다(예제 3-14). 레이아웃과 스타일에 관해서는 나중에 언급하겠다. 그림 3-4와 같이 <Forecast> 컴포넌트가 앱에 나타난 것을 확인할 수 있다.

예제 3-14 <Forecast> 컴포넌트가 포함되도록 수정된 WeatherProject.js

```javascript
import React, { Component } from "react";

import { StyleSheet, Text, View, TextInput } from "react-native";
import Forecast from "./Forecast";

class WeatherProject extends Component {
    constructor(props) {
        super(props);
        this.state = { zip: "", forecast: null };
    }

    _handleTextChange = event => {
        this.setState({ zip: event.nativeEvent.text });
    };

    render() {
        let content = null;
        if (this.state.forecast !== null) {
            content = (
                <Forecast
                    main={this.state.forecast.main}
                    description={this.state.forecast.description}
                    temp={this.state.forecast.temp}
                />
            );
        }

        return (
            <View style={styles.container}>
                <Text style={styles.welcome}>
                    You input {this.state.zip}.
                </Text>
                {content}
                <TextInput
                    style={styles.input}
                    onSubmitEditing={this._handleTextChange}
                />
            </View>
        );
    }
}

const styles = StyleSheet.create({
    container: {
        flex: 1,
        justifyContent: "center",
        alignItems: "center",
```

```
        backgroundColor: "#F5FCFF"
    },
    welcome: { fontSize: 20, textAlign: "center", margin: 10 },
    input: {
        fontSize: 20,
        borderWidth: 2,
        padding: 2,
        height: 40,
        width: 100,
        textAlign: "center"
    }
});

export default WeatherProject;
```

아직까지 표시할 일기예보 정보가 없기 때문에 화면상에는 아무런 변화가 없다.

3.5.3 웹에서 데이터 가져오기

리액트 네이티브의 네트워킹 API를 살펴보자. 모바일 디바이스에서 AJAX 요청을 보내기 위해 jQuery를 사용하지 않을 것이다. 대신에 리액트 네이티브가 구현한 Fetch API를 사용한다. 예제 3-15에서와 같이 Promise 기반의 문법으로 상당히 단순하다.

예제 3-15 리액트 네이티브에서 Fetch API 사용하기

```
fetch('http://www.somesite.com')
  .then((response) => response.text())
  .then((responseText) => {
    console.log(responseText);
  });
```

Promise가 익숙하지 않다면 부록 A.8 절의 'Promise 다루기' 부분을 살펴보길 권한다.

zip 코드에 해당하는 지역의 현재 날씨를 제공해주는 OpenWeather Map API를 사용해보자. 이 API 사용을 위해 open_weather_map.js에 포함된 간단한 라이브러리는 예제 3-16과 같다.

예제 3-16 src/weather/open_weather_map.js의 OpenWeatherMap 라이브러리

```
const WEATHER_API_KEY = "bbeb34ebf60ad50f7893e7440a1e2b0b";
const API_STEM = "http://api.openweathermap.org/data/2.5/weather?";

function zipUrl(zip) {
    return `${API_STEM}q=${zip}&units=imperial&APPID=${WEATHER_API_KEY}`;
}

function fetchForecast(zip) {
    return fetch(zipUrl(zip))
        .then(response => response.json())
        .then(responseJSON => {
            return {
                main: responseJSON.weather[0].main,
                description: responseJSON.weather[0].description,
                temp: responseJSON.main.temp
            };
        })
        .catch(error => {
            console.error(error);
        });
}

export default { fetchForecast: fetchForecast };
```

이 라이브러리를 불러오자.

```
import OpenWeatherMap from "./open_weather_map";
```

이 API를 연동하기 위해 예제 3-17과 같이 <TextInput> 컴포넌트의 콜백에서 OpenWeatherMap API에 요청하도록 수정한다.

예제 3-17 OpenWeatherMap API를 이용하여 데이터 가져오기

```
_handleTextChange = event => {
    let zip = event.nativeEvent.text;
    OpenWeatherMap.fetchForecast(zip).then(forecast => {
        console.log(forecast);
        this.setState({ forecast: forecast });
    });
};
```

일기예보 정보를 정상적으로 가져오는지 확인하기 위해 로그에 출력해보자. 콘솔의 출력을 보는 방법에 대한 자세한 사항은 9.1.2절

'console.log로 디버깅하기'에서 확인할 수 있다.

끝으로 일기예보 글자가 보이도록 컨테이너 스타일을 수정하자.

```
container: {
    flex: 1,
    justifyContent: "center",
    alignItems: "center",
    backgroundColor: "#666666"
}
```

zip 코드를 입력하면 실제 일기예보 정보가 화면에 표시된다(그림 3-4).

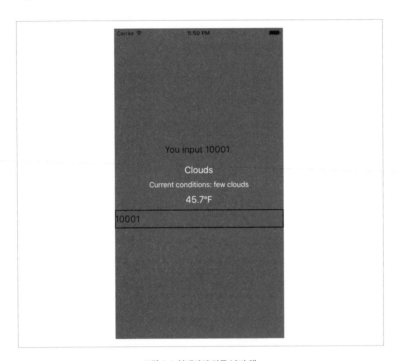

그림 3-4 현재까지 만든 날씨 앱

예제 3-18은 수정한 WeatherProject.js의 내용이다.

예제 3-18 실제 일기예보를 보여주는 WeatherProject.js

```
import React, { Component } from "react";

import { StyleSheet, Text, View, TextInput } from "react-native";
import OpenWeatherMap from "./open_weather_map";
```

```
import Forecast from "./Forecast";

class WeatherProject extends Component {
    constructor(props) {
        super(props);
        this.state = { zip: "", forecast: null };
    }

    _handleTextChange = event => {
        let zip = event.nativeEvent.text;
        OpenWeatherMap.fetchForecast(zip).then(forecast => {
            this.setState({ forecast: forecast });
        });
    };

    render() {
        let content = null;
        if (this.state.forecast !== null) {
            content = (
                <Forecast
                    main={this.state.forecast.main}
                    description={this.state.forecast.description}
                    temp={this.state.forecast.temp}
                />
            );
        }

        return (
            <View style={styles.container}>
                <Text style={styles.welcome}>
                    You input {this.state.zip}.
                </Text>
                {content}
                <TextInput
                    style={styles.input}
                    onSubmitEditing={this._handleTextChange}
                />
            </View>
        );
    }
}

const styles = StyleSheet.create({
    container: {
        flex: 1,
        justifyContent: "center",
        alignItems: "center",
        backgroundColor: "#666666"
    },
```

```
    welcome: { fontSize: 20, textAlign: "center", margin: 10 },
    input: {
        fontSize: 20,
        borderWidth: 2,
        padding: 2,
        height: 40,
        width: 100,
        textAlign: "center"
    }
});

export default WeatherProject;
```

3.5.4 배경 이미지 추가하기

단색의 배경색은 심심하다. 날씨에 따라 배경 이미지를 보여주자.

이미지 파일은 다른 코드 파일들과 거의 동일하게 관리된다. 이미지
도 require를 호출하여 불러온다. 여기서는 flowers.png라는 배경 이미
지 파일을 사용할 예정이다. 이미지 파일 require 코드는 다음과 같이
작성한다.

```
<Image source={require('./flowers.png')}/>
```

이미지 파일은 깃허브(GitHub) 저장소[14]에 공개되어 있다.

이미지 파일도 자바스크립트 파일과 마찬가지로 flowners.ios.png와
flowners.android.png 파일이 존재할 때 리액트 네이티브 패키저는 플
랫폼에 따라 그에 맞는 이미지를 불러온다. 게다가 화면 밀도(density)
에 따라 달리 보이려면 @2x와 @3x 접미사를 붙여 화면 밀도에 따른 파일
을 생성하면 된다. 한 예로 다음과 같이 구성할 수 있다.

```
.
├── flowers.png
├── flowers@2x.png
├── flowers@3x.png
...
```

배경 이미지를 <View>에 추가하고 싶은가? 웹 페이지에서 <div>의

---

14 *https://github.com/bonniee/learning-react-native/blob/2.0.0/src/weather/flowers.png*

background 속성에 배경 이미지를 지정하던 것은 잊어라. 리액트 네이티브에서는 <Image> 컴포넌트를 컨테이너로 사용해야 한다.[15]

```
<Image source={require('./flowers.png')}
       resizeMode='cover'
       style={styles.backdrop}>
    // 추가할 내용은 여기에
</Image>
```

<Image> 컴포넌트의 props의 source에 require 함수를 이용하여 이미지를 지정한다.

하위 컴포넌트들이 렌더링되는 방식을 결정하는 스타일 속성인 flexDirection을 지정하는 것을 잊지 말라.

```
backdrop: {
    flex: 1,
    flexDirection: 'column'
}
```

이제 <Image>에 하위 컴포넌트를 추가해보자. <WeatherProject> 컴포넌트가 다음과 같이 렌더링하도록 수정한다.

```
<View style={styles.container}>
    <Image
        source={require("./flowers.png")}
        resizeMode="cover"
        style={styles.backdrop}>
        <View style={styles.overlay}>
            <View style={styles.row}>
                <Text style={styles.mainText}>
                    Current weather for
                </Text>
                <View style={styles.zipContainer}>
                    <TextInput
                        style={[styles.zipCode, styles.mainText]}
                        onSubmitEditing={event => this._handleTextChange(event)}
```

---

15 (옮긴이) 리액트 네이티브 0.50 버전부터 <Image> 컴포넌트는 자식 컴포넌트를 가질 수 없기 때문에 컨테이너로 사용할 수 없다. 배경 이미지를 지정할 목적이라면 <Image> 대신에 <ImageBackground>를 사용하길 권한다. <ImageBackground>의 소스 코드를 살펴보면 어떻게 동작하는지 쉽게 이해할 수 있다. *https://github.com/facebook/react-native/blob/master/Libraries/Image/ImageBackground.js*

```
                /> 
            </View>
         </View>
         {content}
      </View>
   </Image>
</View>
```

미리 설명하진 않았지만 이 코드에서는 row, overlay, zipContainer 그리고 zipCode라는 스타일을 추가적으로 사용했다. 스타일 내용에 대해 궁금하다면 예제 3-19에서 확인할 수 있다.

3.5.5 모두 합쳐서 완성하기

최종 버전의 앱을 만들기 위해 <WeatherProject> 컴포넌트의 render 함수를 재구성하고 스타일을 수정했다. 주된 변화는 그림 3-5의 오른쪽에 도형으로 설명된 레이아웃 방식의 변화다.

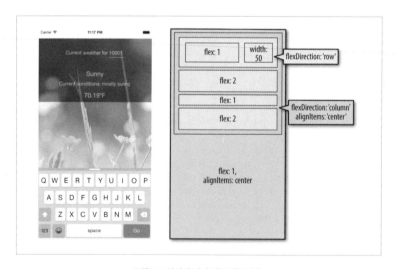

그림 3-5 완성된 날씨 앱의 레이아웃

자, 그럼 모든 것을 한눈에 볼 준비가 되었는가? 예제 3-19는 스타일시트가 포함되어 있는 <WeatherPrject> 컴포넌트의 최종 버전에 해당하는 전체 코드다. <Forecast> 컴포넌트는 앞서 살펴본 예제 3-13과 같다.

예제 3-19 완성된 WeatherProject.js

```javascript
import React, { Component } from "react";

import { StyleSheet, Text, View, TextInput, Image } from "react-native";

import Forecast from "./Forecast";
import OpenWeatherMap from "./open_weather_map";

class WeatherProject extends Component {
    constructor(props) {
        super(props);
        this.state = { zip: "", forecast: null };
    }

    _handleTextChange = event => {
        let zip = event.nativeEvent.text;
        OpenWeatherMap.fetchForecast(zip).then(forecast => {
            this.setState({ forecast: forecast });
        });
    };

    render() {
        let content = null;
        if (this.state.forecast !== null) {
            content = (
                <Forecast
                    main={this.state.forecast.main}
                    description={this.state.forecast.description}
                    temp={this.state.forecast.temp}
                />
            );
        }
        return (
            <View style={styles.container}>
                <Image
                    source={require("./flowers.png")}
                    resizeMode="cover"
                    style={styles.backdrop}
                >
                    <View style={styles.overlay}>
                        <View style={styles.row}>
                            <Text style={styles.mainText}>
                                Current weather for
                            </Text>
                            <View style={styles.zipContainer}>
                                <TextInput
                                    style={[styles.zipCode, styles.mainText]}
                                    onSubmitEditing={this._handleTextChange}
```

```
                                          underlineColorAndroid="transparent"
                                        />
                                  </View>
                              </View>
                              {content}
                          </View>
                      </Image>
                  </View>
              );
          }
      }

const baseFontSize = 16;

const styles = StyleSheet.create({
    container: { flex: 1, alignItems: "center", paddingTop: 30 },
    backdrop: { flex: 1, flexDirection: "column" },
    overlay: {
        paddingTop: 5,
        backgroundColor: "#000000",
        opacity: 0.5,
        flexDirection: "column",
        alignItems: "center"
    },
    row: {
        flexDirection: "row",
        flexWrap: "nowrap",
        alignItems: "flex-start",
        padding: 30
    },
    zipContainer: {
        height: baseFontSize + 10,
        borderBottomColor: "#DDDDDD",
        borderBottomWidth: 1,
        marginLeft: 5,
        marginTop: 3
    },
    zipCode: { flex: 1, flexBasis: 1, width: 50, height: baseFontSize },
    mainText: { fontSize: baseFontSize, color: "#FFFFFF" }
});

export default WeatherProject;
```

이제 모두 마쳤으니 앱을 실행해보자. 에뮬레이터, 실제 디바이스 상관
없이 iOS와 안드로이드 모두에서 동작할 것이다. 더 변경하고 개선하고
싶은 부분이 있는가?

완성된 앱 코드는 깃허브 저장소[16]에서 볼 수 있다.

3.6 요약

첫 번째 앱을 직접 만들면서 벌써 많은 내용을 다루었다. 사용자로부터 정보를 얻기 위해 <TextInput>이라는 새로운 UI 컴포넌트를 어떻게 사용하는지 배웠다. 그리고 리액트 네이티브에서 기본적인 스타일을 적용하는 방법, 이미지 사용 방법, 에셋을 앱에 불러오는 방법에 대해서도 살펴봤다. 마지막으로 외부 웹 자원에 데이터를 요청하기 위해 리액트 네이티브 네트워크 API를 어떻게 사용하는지도 배웠다. 첫 번째 앱치고는 나쁘지 않다!

이 모든 과정을 통해 리액트 네이티브를 이용하여 쓸모 있는 모바일 앱을 얼마나 빠르게 만들 수 있는지 체감했기를 바란다.

여러분의 앱을 더 확장하고 싶다면 다음 사항을 시도해보길 권한다.

- 더 많은 이미지를 추가하고 일기예보에 따라 이미지를 바꾸기
- zip 코드 필드를 검증하는 코드 추가하기
- zip 코드 입력에 적합한 키패드로 변경하기
- 주간 일기예보 표시하기

위치 추적 기능처럼 추가적인 내용을 배우게 되면 날씨 앱을 더 다양한 방법으로 확장할 수 있을 것이다.

물론, 이 장에서 다룬 내용은 리액트 네이티브 맛보기에 해당하는 내용이다. 앞으로 이어질 몇몇 장에서 리액트 네이티브의 베스트 프랙티스를 집중적으로 더 깊이 이해해보자. 더 많은 기능에 대한 사용법도 알아보자.

---

16 *https://github.com/bonniee/learning-react-native/tree/2.0.0/src/weather*

4장

모바일 컴포넌트

3장에서는 간단한 날씨 앱을 만들었다. 그 과정에서 리액트 네이티브로 인터페이스를 만드는 기본적인 방법을 배웠다. 이 장에서는 리액트 네이티브에서 사용하는 모바일 기반의 컴포넌트에 대해 자세히 살펴보고 기본 HTML 엘리먼트와 견주어 보겠다. 모바일 인터페이스는 HTML 엘리먼트가 아닌 플랫폼별로 제공하는 네이티브 UI 엘리먼트를 기반으로 구성된다. 따라서 리액트 네이티브에서는 웹과 다른 컴포넌트를 사용하게 된다.

먼저 기본적인 컴포넌트인 <View>, <Image> 그리고 <Text> 컴포넌트의 세부사항을 살펴보겠다. 그런 다음 리액트 네이티브 컴포넌트에서는 터치 및 제스처를 어떻게 구성하고 있으며 터치 이벤트는 어떻게 다뤄야 하는지 알아본다. 이후에는 여러 뷰를 표준 모바일 인터페이스 패턴에 맞게 결합해주는 탭바, 내비게이션, 리스트와 같은 고수준 컴포넌트에 대해 살펴보겠다.

4.1 HTML 엘리먼트와 네이티브 컴포넌트의 유사성

웹 페이지를 개발할 때 우리는 다양한 기본 HTML 엘리먼트를 사용한다. 기본적인 <div>, <span>, <img>는 물론 <ol>, <ul>, <table>과 같은 구조를 잡는 엘리먼트도 사용한다. (<audio>, <svg>, <canvas> 같은 엘리먼트에 대해서도 함께 얘기할 수 있지만 여기에서는 제외하겠다.)

리액트 네이티브에서는 이러한 HTML 엘리먼트를 사용하지 않고, 이와 매우 유사하면서 다양한 컴포넌트를 사용한다(표 4-1).

HTML	리액트 네이티브
div	<View>
img	<Image>
span, p	<Text>
ul/ol, li	<FlatList>, 자식 아이템

표 4-1 HTML 엘리먼트와 닮은꼴에 해당하는 네이티브 컴포넌트

이 엘리먼트들은 비록 서로를 대체할 수는 없지만 아주 비슷한 용도로 쓰인다. 이러한 컴포넌트들이 리액트 네이티브에서 어떻게 동작하고 브라우저의 유사한 엘리먼트와 어떻게 다른지 살펴보자.

> **리액트 네이티브와 웹 앱의 코드를 서로 공유할 수 있나요?**
>
> 기본적으로 리액트 네이티브는 안드로이드와 iOS로 렌더링할 수 있다. 리액트 네이티브를 이용하여 웹과 호환되는 뷰로 렌더링하길 원한다면 react-native-web을 살펴보자.
> 어떤 방법을 쓰는지와 상관없이 플랫폼의 기본 엘리먼트를 렌더링하지 않는 컴포넌트는 공유가 가능하다. 다시 말해 비즈니스 로직이 렌더링 코드와 분리되어 있다면 공유할 수 있다.

4.1.1 <Text> 컴포넌트

텍스트 렌더링은 매우 기본적인 기능이다. 거의 모든 앱은 텍스트 렌더링을 하고 있다. 리액트 네이티브와 모바일 개발에서의 텍스트 렌더링은 웹의 텍스트 렌더링과는 다르다.

HTML에서는 다양한 엘리먼트로 텍스트를 표시할 수 있다. 게다가 <strong>과 <em>과 같은 하위 태그로 스타일을 줄 수 있다. 다음과 같은 간단한 HTML 코드처럼 말이다.

```
<p>The quick <em>brown</em> fox jumped over the lazy <strong>dog</strong>.</p>
```

리액트 네이티브에서는 <Text> 컴포넌트만이 플레인 텍스트 노드를 자식으로 가질 수 있다. 즉, 다음 코드는 유효하지 않다.

```
<View>
    Text doesn't go here!
</View>
```

대신 <Text> 컴포넌트로 감싸야 한다.

```
<View>
    <Text>This is OK!</Text>
</View>
```

리액트 네이티브에서 <Text> 컴포넌트를 다룰 때는 <strong>이나 <em> 같은 하위 태그를 사용할 수 없으나 fontWeight나 fontStyle 속성을 이용하여 비슷한 효과를 낼 수 있다. 다음 코드는 인라인 스타일을 이용하여 비슷한 효과를 어떻게 내는지 보여준다.

```
<Text>
    The quick <Text style={{fontStyle: "italic"}}>brown</Text> fox
    jumped over the lazy <Text style={{fontWeight: "bold"}}>dog</Text>.
</Text>
```

이런 방식은 코드가 금방 지저분해진다. 예제 4-1과 같이 스타일이 적용된 컴포넌트를 만들어서 간단명료하게 사용할 수 있다.

예제 4-1 텍스트의 스타일 적용을 위해 재사용할 수 있는 컴포넌트 만들기

```
const styles = StyleSheet.create({
    bold: {
        fontWeight: "bold"
    },
    italic: {
        fontStyle: "italic"
    }
});

class Strong extends Component {
    render() {
        return (
```

```
            <Text style={styles.bold}>
                {this.props.children}
            </Text>);
        }
    }

class Em extends Component {
    render() {
        return (
            <Text style={styles.italic}>
                {this.props.children}
            </Text>);
        }
    }
```

이처럼 스타일이 적용된 컴포넌트를 한번 만들어 놓으면 텍스트에 스타일을 간편히 적용할 수 있다. 이제 리액트 네이티브 버전이 HTML 버전과 상당히 비슷해졌다(예제 4-2).

예제 4-2 스타일이 적용된 컴포넌트를 텍스트 렌더링에 사용하기

```
<Text>
    The quick <Em>brown</Em> fox jumped
    over the lazy <Strong>dog</Strong>.
</Text>
```

마찬가지로 리액트 네이티브는 헤더(header) 엘리먼트(h1, h2 등)에 해당하는 컴포넌트가 없다. 하지만 원하는 스타일이 적용된 <Text> 컴포넌트를 만드는 것은 어렵지 않다.

일반적으로 리액트 네이티브에서 스타일이 적용된 텍스트를 다룰 때는 웹 개발과는 다르게 접근해야 한다. 스타일은 하위 노드에게 상속되지 않기에, 트리에 속한 모든 텍스트 노드에 적용되는 기본 폰트를 지정할 수 없다. 리액트 네이티브 문서에도 이 문제를 스타일이 적용된 컴포넌트로 해결할 것을 권하고 있다.

모든 서브 트리에 기본 폰트를 지정할 수 없다. 앱 내에 일관되게 Text 폰트나 크기를 적용하고자 할 때는 MyAppText 같이 원하는 스타일이 적용된 컴포넌트를 만들어 앱 내에서 사용해보자. 다른 종류의 텍스트가 필요할 때는 MyAppHeaderText 같이 더 세분화된 컴포넌트를 만들어서 사용하면 된다.

리액트 네이티브 문서[1]에는 \<Text\> 컴포넌트에 대해 더 자세히 설명되어 있다.

여기에 하나의 패턴이 있다는 것을 눈치챘는가? 리액트 네이티브는 같은 스타일을 반복적으로 적용해야 할 경우 스타일의 상속이나 스타일 객체의 재사용이 아닌 스타일이 적용된 컴포넌트의 재사용을 더 권장하고 있다. 별도의 컴포넌트로 만들 때는 시간이 많이 들기는 하지만 이 방법은 코드 분리가 명확히 되어 이 컴포넌트가 어디에서 사용되든 똑같은 결과물을 만들어 낸다. 이는 앱 제작에 있어 스타일 코드를 관리하기 쉽게 해준다. 이에 대해서는 다음 장에서 자세히 살펴보겠다.

4.1.2 \<Image\> 컴포넌트

모바일과 웹 앱에서 텍스트가 가장 기본적인 엘리먼트라면 이미지는 그에 못지않은 또 다른 필수 엘리먼트이다. 웹 페이지를 만들기 위해 HTML과 CSS를 작성할 때를 생각해보면 여러 가지 방법으로 이미지를 추가할 수 있다. \<img\> 태그를 사용하기도 하고 background-image처럼 CSS 속성으로 적용하기도 한다. 리액트 네이티브에는 이와 유사한 \<Image\> 컴포넌트가 있다. 다만 조금 다르게 동작할 뿐이다.

\<Image\> 컴포넌트의 기본적인 사용법은 간단하다. 그냥 source 속성만 지정하면 된다.

```
<Image source={require("./puppies.png")} />
```

이미지 경로는 자바스크립트 모듈을 불러올 때와 같다. 경로 지정 방법도 똑같기 때문에 앞의 예제 코드가 작성된 컴포넌트 파일과 puppies.png 파일은 같은 경로에 존재해야 한다.

파일 이름을 이용한 몇 가지 편리한 기능이 있다. puppies.ios.png와 puppies.android.png가 존재할 경우 각 플랫폼에서 해당하는 이미지가

---

1   *https://facebook.github.io/react-native/docs/text.html#limited-style-inheritance*

사용된다. 이와 비슷하게 파일명이 @2x나 @3x로 끝나도록 지정하면 리액트 네이티브 패키저는 실행되는 디바이스의 화면 밀도에 맞는 이미지를 사용하게 된다.

앱에 에셋으로 포함한 이미지 대신에 웹에 있는 이미지를 불러와서 보여줄 수도 있다. 그 예는 다음과 같다.

```
<Image source={{uri: "https://facebook.github.io/react/img/logo_og.png"}}
       style={{width: 400, height: 400}} />
```

기억해야 할 점은 웹에 있는 이미지 소스를 이용할 경우 이미지 사이즈를 따로 지정해야 한다.

이미지를 네트워크 주소로 지정하는 것은 이미지를 에셋으로 포함시켜 지정하는 것보다 약간의 이점이 있다. 예를 들어 개발 기간에 프로토타이핑할 때는 미리부터 모든 에셋을 꼼꼼히 임포트하는 것보다 이 방법을 사용하는 것이 더 쉽다. 또한 모바일 앱의 저장 용량을 줄여주어 사용자가 앱을 내려받을 때 모든 에셋을 한꺼번에 같이 내려받지 않아도 된다. 반면 이는 나중에 사용자가 여러분의 앱을 실행할 때 에셋을 내려받기 위해 사용자의 이동통신 데이터를 쓸 수도 있다는 뜻이다. 대부분의 경우 URI로 지정하는 방법을 사용하지 않게 될 것이다.

디바이스 카메라 사진첩에 있는 이미지를 다루는 방법은 6장에서 다룬다.

리액트 네이티브에서는 컴포넌트를 기반으로 개발하는 것이 중요하기 때문에 화면에 보여줄 이미지를 스타일로 지정하지 않고 컴포넌트로서 지정해야 한다. 3장에서 날씨 앱을 만들면서 이미지를 배경으로 지정할 때도 컴포넌트로 지정했었다. 기본 HTML과 CSS에서는 background-image 속성을 이용하여 배경을 적용하지만 리액트 네이티브에서는 <Image>를 다음과 같이 컨테이너 컴포넌트로 사용한다.[2]

---

2 (옮긴이) 리액트 네이티브 0.50 버전부터는 <Image>에 자식 컴포넌트를 추가할 수 없다. 따라서 배경 이미지를 지정할 때는 <Image> 대신에 <ImageBackground>를 사용하면 된다.

```
<Image source={require("./puppies.png")}>
    {/* 추가할 내용은 여기에... */}
</Image>
```

이미지를 꾸미는 것은 상당히 직관적이다. 스타일을 적용할 수 있을 뿐만 아니라 어떻게 렌더링되는지를 props로 지정할 수 있다. 예를 들어 resizedMode는 contain, cover 혹은 stretch로 지정할 수 있다. UIExplorer 앱은 이 속성을 사용하는 방법을 잘 보여준다(그림 4-1).

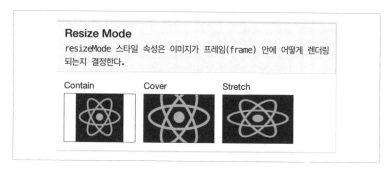

그림 4-1 contain, cover, stretch의 차이점

<Image> 컴포넌트는 활용도가 매우 높다. 앱을 만들 때 이곳저곳에 유용하게 쓰게 될 것이다.

4.2 터치와 제스처(Gestures) 다루기

웹 기반 인터페이스는 마우스 형태의 컨트롤러를 위해 디자인되었다. hover 상태 등을 이용하여 사용자에게 인터랙션 가능 여부를 표시하고 사용자 인터랙션에 반응하게 만든다. 모바일은 터치 기반이다. 모바일 플랫폼상에서 인터랙션을 디자인할 때 알아야 하는 모바일 플랫폼만의 기준이 있다. 이는 OS마다 조금씩 다르다. iOS는 안드로이드와 다르게 동작하고 마찬가지로 윈도우 폰과도 다르게 동작한다.

리액트 네이티브는 터치에 반응하는 인터페이스를 만들 수 있도록 여러 API를 제공하고 있다. 이번 절에서는 <Button> 컴포넌트와 <TouchableHighlight>라는 컨테이너 컴포넌트를 살펴보겠다. 뿐만 아

니라 터치 이벤트를 직접 다룰 수 있는 저수준 API에 대해서도 이야기
하겠다.

4.2.1 <Button>을 이용한 기본 인터렉션 만들기

가장 기본적인 방법으로 상호작용하는 버튼을 만들어보고 싶다면 리액
트 네이티브가 기본으로 제공하는 <Button>을 사용해보자. 색상, 텍스
트, 콜백 함수 등을 지정할 수 있는, 사용하기 쉬운 API를 제공한다.

```
<Button
    onPress={this._onPress}
    title="Press me"
    color="#841584"
    accessibilityLabel="Press this button"
/>
```

이 <Button> 컴포넌트는 쓸만한 컴포넌트이긴 하나 실제 앱을 만들
다보면 여러분만의 상호작용이 가능한 컴포넌트를 만들어야 하기에
<TouchableHighlight>가 더 유용할 것이다.

4.2.2 <TouchableHighlight> 컴포넌트 사용하기

버튼이나 컨트롤 요소와 같이 사용자의 터치에 반응하는 엘리먼트는 보
통 <TouchableHighlight>에 의해 감싸져 있다. <TouchableHighlight>는
뷰가 터치될 때 오버레이를 추가하여 사용자에게 시각적 피드백을 준
다. 이는 현재 화면인 모바일 웹사이트가 네이티브 앱이라 느껴지게 만
드는 데 중요한 역할을 한다. 경험으로 보아 버튼이나 웹의 링크가 되는
거의 모든 영역에 <TouchableHighlight>를 사용하게 될 것이다.[3]

기본적인 사용법은 사용자가 눌렀을 때 간단한 오버레이가 추가되
길 원하는 컴포넌트를 <TouchableHighlight>로 감싸기만 하면 된다.
<TouchableHighlight> 컴포넌트의 onPressIn, onPressOut, onLongPress
와 같은 콜백을 지정하면 해당하는 이벤트를 다룰 수 있다.

---

3 (옮긴이) <TouchableHighlight>와 거의 동일하지만 뷰가 터치될 때 투명도를 증가시키는
   <TouchableOpacity>도 유용하다.

예제 4-3은 사용자 피드백을 주기 위해 <TouchableHighlight>로 컴포넌트로 어떻게 감싸는지 보여준다.

예제 4-3 <TouchableHighlight> 컴포넌트의 사용법

```
<TouchableHighlight
    onPressIn={this._onPressIn}
    onPressOut={this._onPressOut}
    accessibilityLabel={'PUSH ME'}
    style={styles.touchable}>
        <View style={styles.button}>
            <Text style={styles.welcome}>
                {this.state.pressing ? "EEK!" : "PUSH ME"}
            </Text>
        </View>
</TouchableHighlight>
```

사용자가 버튼을 탭(Tap)하게 되면 오버레이가 나타나고 텍스트가 바뀐다(그림 4-2).

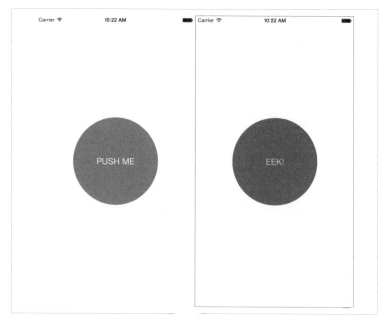

그림 4-2 사용자에게 시각적 피드백을 주는 <TouchableHighlight>를 사용하기 누르지 않은 상태(왼쪽)와 하이라이트된 눌린 상태(오른쪽).

이는 사용법을 보여주기 위해 억지로 만들어낸 예제이지만 이를 통해 모바일에서 터치 가능한 버튼을 어떻게 만드는지 알 수 있다. 오버레이는 사용자에게 어떤 엘리먼트가 누를 수 있는 엘리먼트인지 알려주는 중요한 피드백 중 하나이다. 오버레이를 적용하기 위해 어떤 로직도 스타일에 추가할 필요가 없다. <TouchableHighlight>가 알아서 해준다.

예제 4-4는 이 버튼 컴포넌트의 전체 코드에 해당한다.

예제 4-4 <TouchableHighlight>를 사용하는 PressDemo.js

```js
import React, { Component } from "react";
import { StyleSheet, Text, View, TouchableHighlight } from "react-native";

class Button extends Component {
    constructor(props) {
        super(props);
        this.state = { pressing: false };
    }

    _onPressIn = () => {
        this.setState({ pressing: true });
    };

    _onPressOut = () => {
        this.setState({ pressing: false });
    };

    render() {
        return (
            <View style={styles.container}>
                <TouchableHighlight
                    onPressIn={this._onPressIn}
                    onPressOut={this._onPressOut}
                    style={styles.touchable}
                >

                    <View style={styles.button}>
                        <Text style={styles.welcome}>
                            {this.state.pressing ? "EEK!" : "PUSH ME"}
                        </Text>
                    </View>

                </TouchableHighlight>
            </View>
        );
    }
```

```
}

const styles = StyleSheet.create({
    container: {
        flex: 1,
        justifyContent: "center",
        alignItems: "center",
        backgroundColor: "#F5FCFF"
    },
    welcome: { fontSize: 20, textAlign: "center", margin: 10, color: "#FFFFFF"
},
    touchable: { borderRadius: 100 },
    button: {
        backgroundColor: "#FF0000",
        borderRadius: 100,
        height: 200,
        width: 200,
        justifyContent: "center"
    }
});

export default Button;
```

onPress와 onLongPress 콜백과 같은 다른 이벤트 핸들러도 지정해보라. 이러한 이벤트가 어떤 사용자 인터랙션에 해당하는지 정확히 알기 위해서는 실제 디바이스상에서 직접 테스트해보는 것이 가장 좋다.

4.2.3 PanResponder 클래스 사용하기

<TouchableHighlight>는 컴포넌트이지만 PanResponder는 컴포넌트가 아니라 리액트 네이티브에서 제공하는 클래스라 할 수 있다. PanResponder gesture State 객체를 통해 현재 제스처의 속도, 누적 이동거리 등과 같은 원시 위치 데이터에 접근할 수 있다.

　리액트 컴포넌트에서 PanResponder를 사용하기 위해서는 PanResponder 객체를 생성하고 컴포넌트의 렌더 함수에 결합해야 한다.

　PanResponder를 생성하려면 PanResponder 이벤트를 위한 특정 핸들러를 지정해야 한다(예제 4-5).

예제 4-5 PanResponder를 만들려면 반드시 콜백 함수를 지정해야 한다

```
this._panResponder = PanResponder.create({
    onStartShouldSetPanResponder: this._handleStartShouldSetPanResponder,
    onMoveShouldSetPanResponder: this._handleMoveShouldSetPanResponder,
    onPanResponderGrant: this._handlePanResponderGrant,
    onPanResponderMove: this._handlePanResponderMove,
    onPanResponderRelease: this._handlePanResponderEnd,
    onPanResponderTerminate: this._handlePanResponderEnd,
});
```

이 여섯 가지 함수를 통해 터치 이벤트의 전체 라이프사이클에 접근할 수
있다. onStartShouldSetPanResponder와 onMoveShouldSetPanResponder는
주어진 터치 이벤트에 반응할지를 결정한다. onPanResponderGrant는 터치
이벤트가 발생할 때 실행되며 onPanResponderRelease와 onPanResponder
Terminate는 터치 이벤트가 끝날 때 실행된다. 터치 이벤트가 진행 중일
때는 onPanResponderMove를 통해 터치 정보를 확인할 수 있다.

컴포넌트의 render 함수에서 원하는 뷰에 전개 문법을 이용하여 Pan
Responder를 연결한다(예제 4-6).

예제 4-6 전개 문법을 이용하여 PanResponder 연결하기

```
render: function() {
    return (
        <View
            {...this._panResponder.panHandlers}>
          { /* 뷰의 내용은 여기에 */ }
        </View>
    );
}
```

PanResponder.create 호출 시 넘겼던 핸들러들은 연결한 뷰에서 일어나
는 터치의 상황에 따라 실행된다.

그림 4-3은 드래그할 수 있는 원이 렌더링된 모습이다. 원을 이동하
게 되면 화면에 표시된 좌표가 갱신된다.

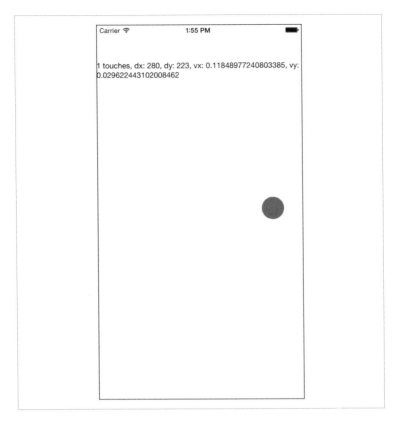

그림 4-3 PanResponder 데모

이제 PanResponder 콜백을 차근차근 살펴보자. 먼저 직관적인 _handle StartShouldSetPanResponder와 _handleMoveShouldSetPanResponder를 살펴보자. 터치 이벤트를 받을 수 있도록 구현한다(예제 4-7).

예제 4-7 처음 두 콜백은 단순히 **true**를 리턴한다.

```
_handleStartShouldSetPanResponder = (event, gestureState) => {
    // 사용자의 원 부분을 누르기 시작할 때 이 responder를 활성화할까요?
    return true;
};

_handleMoveShouldSetPanResponder = (event, gestureState) => {
    // 사용자가 원 영역에서 터치한 생태로 이동할 때 이 reponder를 활성화할까요?
    return true;
};
```

그리고 나서 _handlePanResponderMove의 위치 정보를 이용하여 원 모양 뷰의 위치를 바꿔주도록 한다(예제 4-8).

예제 4-8 _handlePanResponderMove에서 원의 위치를 바꿔준다.

```
_handlePanResponderMove = (event, gestureState) => {
    // 이동한 값만큼 현재 위치를 계산한다
    this._circleStyles.style.left = this._previousLeft + gestureState.dx;
    this._circleStyles.style.top = this._previousTop + gestureState.dy;
    this._updatePosition();
};

_updatePosition = () => {
    this.circle && this.circle.setNativeProps(this._circleStyles);
};
```

원 모양 뷰의 위치를 변경하기 위해 setNativeProps를 호출한 것을 주목하자.

> 애니메이션을 다룰 때는 state나 props를 지정하는 전형적인 방법으로 변화를 주는 대신에 컴포넌트의 setNativeProps를 직접 호출하여 변화를 줄 수 있다. 이는 컴포넌트의 자식들까지 다시 렌더링하는 오버헤드(overhead)를 방지할 수 있지만 사용할 때 주의가 필요하다.

다음으로 터치가 활성화되면 원 모양 뷰의 색을 바꿔주는 _handlePanResponderGrant와 _handlePanResponderEnd를 살펴보자(예제 4-9).

예제 4-9 하이라이팅되는 동작 구현

```
_highlight = () => {
    this.circle &&
    this.circle.setNativeProps({
        style: { backgroundColor: "blue" }
    });
};

_unHighlight = () => {
    this.circle &&
        this.circle.setNativeProps({ style: { backgroundColor: "green" } });
};

_handlePanResponderGrant = (event, gestureState) => {
```

```
    this._highlight();
};

_handlePanResponderEnd = (event, gestureState) => {
    this._unHighlight();
};
```

예제 4-10은 지금까지 다룬 내용을 모두 합쳐서 완성된, 움직일 수 있는
원 모양 뷰의 전체 코드이다.

예제 4-10 PanDemo.js은 PanResponder의 사용법을 보여준다[4]

```
// 출처: https://github.com/facebook/react-native/blob/master
// Examples/UIExplorer/PanResponderExample.js

"use strict";

import React, { Component } from "react";
import { StyleSheet, PanResponder, View, Text } from "react-native";

const CIRCLE_SIZE = 40;
const CIRCLE_COLOR = "blue";
const CIRCLE_HIGHLIGHT_COLOR = "green";

class PanResponderExample extends Component {

    // 초깃값을 지정한다
    _panResponder = {};
    _previousLeft = 0;
    _previousTop = 0;
    _circleStyles = {};
    circle = null;

    constructor(props) {
        super(props);
        this.state = {
            numberActiveTouches: 0,
            moveX: 0,
            moveY: 0,
            x0: 0,
            y0: 0,
            dx: 0,
            dy: 0,
```

---

4 (옮긴이) componentWillMount 함수는 디프리케이티드(deprecated)되어 다음번 메이저 버전
  (major version)에서 제거될 예정이다. componentWillMount 대신에 componentDidMount를 사용할
  것을 권하고 있다.

```
            vx: 0,
            vy: 0
        };
    }

    componentWillMount() {
        this._panResponder = PanResponder.create({
            onStartShouldSetPanResponder: this._handleStartShouldSetPanResponder,
            onMoveShouldSetPanResponder: this._handleMoveShouldSetPanResponder,
            onPanResponderGrant: this._handlePanResponderGrant,
            onPanResponderMove: this._handlePanResponderMove,
            onPanResponderRelease: this._handlePanResponderEnd,
            onPanResponderTerminate: this._handlePanResponderEnd
        });
        this._previousLeft = 20;
        this._previousTop = 84;
        this._circleStyles = {
            style: { left: this._previousLeft, top: this._previousTop }
        };
    }

    componentDidMount() {
        this._updatePosition();
    }

    render() {
        return (
            <View style={styles.container}>
                <View
                    ref={circle => {
                        this.circle = circle;
                    }}
                    style={styles.circle}
                    {...this._panResponder.panHandlers}
                />
                <Text>
                    {this.state.numberActiveTouches} touches,
                    dx: {this.state.dx},
                    dy: {this.state.dy},
                    vx: {this.state.vx},
                    vy: {this.state.vy}
                </Text>
            </View>
        );
    }


    // 사용자에게 시각적인 피드백을 제공하기 위해
    // _highlight와 _unHighlight는 PanResponder 메서드에 의해 호출된다
```

```
_highlight = () => {
    this.circle &&
        this.circle.setNativeProps({
            style: { backgroundColor: CIRCLE_HIGHLIGHT_COLOR }
        });
};

_unHighlight = () => {
    this.circle &&
        this.circle.setNativeProps({ style: { backgroundColor: CIRCLE_COLOR } });
};

// 원의 위치는 setNativeProps를 이용하여 직접 지정한다.
_updatePosition = () => {
    this.circle && this.circle.setNativeProps(this._circleStyles);
};

_handleStartShouldSetPanResponder = (event, gestureState) => {
    // 사용자가 원 부분을 누르기 시작할 때 responder 활성화 여부
    return true;
};

_handleMoveShouldSetPanResponder = (event, gestureState) => {

    // 사용자가 원 위로 터치하여 움직일 때 responder를 활성화할까요?
    return true;
};

_handlePanResponderGrant = (event, gestureState) => {
    this._highlight();
};

_handlePanResponderMove = (event, gestureState) => {
    this.setState({
        stateID: gestureState.stateID,
        moveX: gestureState.moveX,
        moveY: gestureState.moveY,
        x0: gestureState.x0,
        y0: gestureState.y0,
        dx: gestureState.dx,
        dy: gestureState.dy,
        vx: gestureState.vx,
        vy: gestureState.vy,
        numberActiveTouches: gestureState.numberActiveTouches
    });


    // 이동한 값만큼 현재 위치를 계산한다
    this._circleStyles.style.left = this._previousLeft + gestureState.dx;
```

```
            this._circleStyles.style.top = this._previousTop + gestureState.dy;
            this._updatePosition();
        };

        _handlePanResponderEnd = (event, gestureState) => {
            this._unHighlight();
            this._previousLeft += gestureState.dx;
            this._previousTop += gestureState.dy;
        };
}

const styles = StyleSheet.create({
    circle: {
        width: CIRCLE_SIZE,
        height: CIRCLE_SIZE,
        borderRadius: CIRCLE_SIZE / 2,
        backgroundColor: CIRCLE_COLOR,
        position: "absolute",
        left: 0,
        top: 0
    },
    container: { flex: 1, paddingTop: 64 }
});

export default PanResponderExample;
```

만약 여러분만의 제스처 인식기를 만들 계획이 있다면 앱을 실제 디바이스에서 실험해보기를 권한다. 그러면 이러한 값들이 어떻게 달라지는지 알 수 있다. 그림 4-3은 이 예제에 대한 스크린 샷이다. 꼭 디바이스의 진짜 터치스크린에서도 실험해보자.

터치를 다루는 법 선택하기

이번 절에서는 터치와 제스처 관련 API를 살펴보았는데 이들 중에 무엇을 선택해야 할까? 그것은 여러분이 무엇을 만들고자 하느냐에 따라 다르다.

사용자에게 버튼이나 다른 엘리먼트가 '탭이 가능하다는 것'을 알려주는 기본적인 피드백을 주고 싶을 때는 <TouchableHighlight> 컴포넌트를 사용하자.

자체적인 터치 인터페이스를 구현하고 싶을 때는 PanResponder를 사용하자. 만약 게임이나 남다른 인터페이스를 계획하고 있다면 만드는 데 생각보다 시간이 많이 걸릴 것이다.

웬만해서는 사용자 정의 터치 핸들링을 구현할 필요가 없을 것이다. 다음 절에서 일반적인 UI 패턴을 구현하는 고수준 컴포넌트 몇 가지를 살펴보겠다.

4.3 리스트 관련 컴포넌트

리스트는 모바일 앱 개발에 있어 매우 핵심적인 인터페이스이다. 드롭박스, 트위터, iOS 설정 앱이 이러한 상호작용하는 패턴을 사용하고 있다(그림 4-4). 리스트를 한 문장으로 표현하자면 리스트는 여러 자식 뷰를 가질 수 있는, 스크롤되는 컨테이너이다. 매우 간단해 보이는 이 디자인 패턴은 모바일 인터페이스에서 없어서는 안 될 존재이다.

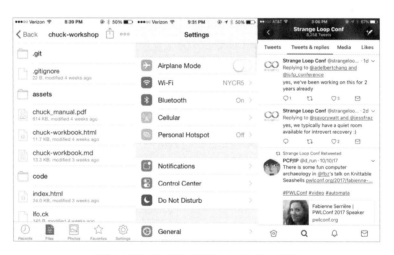

그림 4-4 리스트를 사용한 드롭박스, 트위터, iOS 설정 앱

리액트 네이티브에는 편리한 API를 제공하는 두 가지 리스트 컴포넌트가 있다. 하나는 <FlatList> 컴포넌트로 이는 내용이 변하는 긴 스크롤 리스트이지만 데이터 구조가 비슷한 경우를 위해 디자인되었다. 이는 여러 가지 측면에서 성능이 최적화되어 있다. 다른 하나는 <SectionList> 컴포넌트로 이는 데이터를 섹션으로 구분해서 보여줘야

하는 경우를 위해 디자인되었다. 섹션마다 iOS의 UITableView와 비슷한 섹션 헤더를 지정할 수 있다. <FlatList>나 <SectionList>로 웬만한 리스트를 대부분 만들 수 있지만 리스트에 내부적으로 어떤 기능을 넣는다거나 독특하게 리스트를 다뤄야 한다면 <VirtualizedList>를 살펴보길 권한다.

> 리스트 렌더링 성능 최적화 문제는 사용 케이스별로 다르게 접근을 해야 하기에 결코 쉬운 문제가 아니다. 예를 들어 여러분의 사용자는 특정인의 연락처를 찾기 위해 급하게 스크롤을 하는가? 아니면 천천히 하나하나 확인하면서 찾는가? 리스트에서 전체 아이템이 같은 형태인가? 아니면 전부 다른 형태인가? 성능 문제에 직면했다면 리스트를 주의 깊게 점검해보자.

이번 절에서 그림 4-5에 해당하는 뉴욕타임스 베스트셀러 목록과 각 책에 대한 상세 정보를 보여주는 앱을 만들어보자. <FlatList>를 사용하는 버전과 <SectionList>를 사용하는 버전으로 구분하여 만들 것이다.

원한다면 뉴욕타임스 API 토큰을 발급받아 사용할 수 있다. 그냥 예제에 포함된 토큰을 사용해도 된다.

4.3.1 기본 <FlatList> 컴포넌트 사용하기

기본 <FlatList> 컴포넌트를 살펴보자. 이 컴포넌트는 props로 data와 rendersItem을 반드시 지정해야 한다.

```
<FlatList
    data={this.state.data}
    renderItem={this._renderItem} />
```

data는 이름에서 알 수 있듯이 <FlatList>에서 렌더링할 데이터를 의미한다. 이는 배열 타입으로 각 엘리먼트는 고유의 key 값을 가지고 있어야 한다. 이것 이외에도 유용한 속성이 많다.

renderItem 함수는 data 배열에 속한 하나의 엘리먼트 데이터를 바탕으로, 해당하는 컴포넌트를 리턴하도록 구현한다.

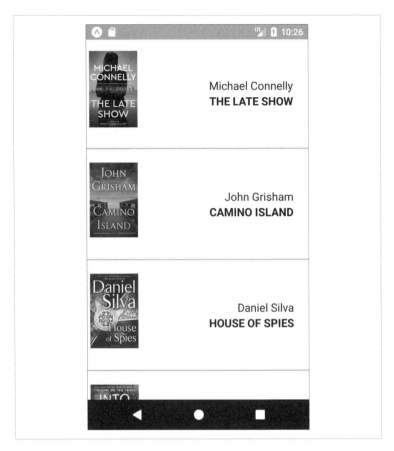

그림 4-5 앞으로 만들 책 목록 앱

<FlatList>의 기본 사용법은 예제 4-11에서 확인할 수 있다.

예제 4-11 src/bestsellers/SimpleList.js

```
import React, { Component } from "react";

import { StyleSheet, Text, View, FlatList } from "react-native";

class SimpleList extends Component {
    constructor(props) {
        super(props);
        this.state = {
            data: [
                { key: "a" },
                { key: "b" },
```

```
                    { key: "c" },
                    { key: "d" },
                    { key: "a longer example" },
                    { key: "e" },
                    { key: "f" },
                    { key: "g" },
                    { key: "h" },
                    { key: "i" },
                    { key: "j" },
                    { key: "k" },
                    { key: "l" },
                    { key: "m" },
                    { key: "n" },
                    { key: "o" },
                    { key: "p" }
                ]
        };
    }

    _renderItem = data => {
        return <Text style={styles.row}>{data.item.key}</Text>;
    };

    render() {
        return (
            <View style={styles.container}>
                <FlatList data={this.state.data} renderItem={this._renderItem} />
            </View>
        );
    }
}

const styles = StyleSheet.create({
    container: {
        flex: 1,
        justifyContent: "center",
        alignItems: "center",
        backgroundColor: "#F5FCFF"
    },
    row: { fontSize: 24, padding: 42, borderWidth: 1, borderColor: "#DDDDDD" }
});

export default SimpleList;
```

<FlatList>를 작업할 때 흔히 하는 실수는 renderItem 실행 시 첫 번째 파라미터로 넘어오는 객체의 item 속성으로 접근할 수 있는 데이터를 별도로 전달받아 접근하는 것이다.

```
_renderItem = data => {
    return <Text style={styles.row}>{data.item.key}</Text>;
};
```

비구조화 문법을 통해 단순하게 바꿀 수 있다.

```
_renderItem = ({item}) => {
    return <Text style={styles.row}>{item.key}</Text>;
};
```

앱은 그림 4-6과 같은 모습이 된다.

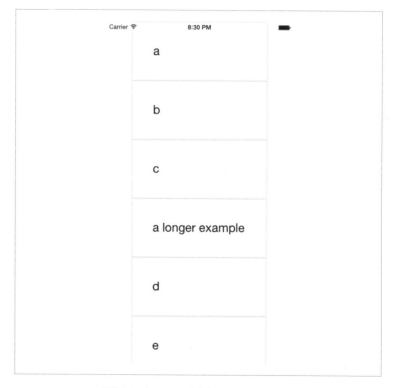

그림 4-6 <FlatList> 기반의 SimpleList 컴포넌트

4.3.2 <FlatList> 내용 갱신하기

좀 더 재미있는 작업을 해보자. 복잡한 데이터로 <FlatList>를 만들어 보자. 뉴욕타임스 API를 이용하여 베스트셀러 목록을 보여주는 베스트

셀러 앱을 만들어보자.

우선 예제 4-12처럼 뉴욕타임스 API의 결과 하나를 모의 데이터로 만들어서 구현해보자.

예제 4-12 API의 결과와 같은 형식의 데이터의 모의 데이터

```
const mockBooks = [
    {
      rank: 1,
      title: "GATHERING PREY",
      author: "John Sandford",
      book_image:
        "http://du.ec2.nytimes.com.s3.amazonaws.com/prd/books/9780399168796.jpg"
    },
    {
      rank: 2,
      title: "MEMORY MAN",
      author: "David Baldacci",
      book_image:
        "http://du.ec2.nytimes.com.s3.amazonaws.com/prd/books/9781455586387.jpg"
    }
];
```

그리고 나서 이 데이터를 렌더링할 컴포넌트를 구현하자. 예제 4-13에서 알 수 있듯이 <BookItem> 컴포넌트는 <View>, <Text>와 <Image>를 이용하여 각 책에 대한 기본 정보를 보여준다.

예제 4-13 src/bestsellers/BookItem.js

```
import React, { Component } from "react";

import { StyleSheet, Text, View, Image, ListView } from "react-native";

const styles = StyleSheet.create({
    bookItem: {
        flexDirection: "row",
        backgroundColor: "#FFFFFF",
        borderBottomColor: "#AAAAAA",
        borderBottomWidth: 2,
        padding: 5,
        height: 175
    },
    cover: { flex: 1, height: 150, resizeMode: "contain" },
    info: {
        flex: 3,
```

```
        alignItems: "flex-end",
        flexDirection: "column",
        alignSelf: "center",
        padding: 20
    },
    author: { fontSize: 18 },
    title: { fontSize: 18, fontWeight: "bold" }
});

class BookItem extends Component {
    render() {
        return (
            <View style={styles.bookItem}>
                <Image style={styles.cover} source={{ uri: this.props.coverURL }} />
                <View style={styles.info}>
                    <Text style={styles.author}>{this.props.author}</Text>
                    <Text style={styles.title}>{this.props.title}</Text>
                </View>
            </View>
        );
    }
}

export default BookItem;
```

<BookItem> 컴포넌트를 사용하기 위해서는 _renderItem 함수를 수정해
야 한다. <BookItem>의 props에 coverURL, title과 author를 지정해야
한다.

```
_renderItem = ({ item }) => {
    return (
        <BookItem
          coverURL={item.book_image}
          title={item.key}
          author={item.author}
        />
    );
};
```

<FlatList>에 지정하는 data 배열의 각 항목에는 반드시 고유의 값을
갖는 key 속성이 지정되어야 한다. 따라서 예제 4-14처럼 배열의 각 항
목에 key 속성을 넣어주는 헬퍼 메서드를 추가할 것이다.

예제 4-14 _addKeysToBooks 메서드는 책 배열의 각 객체에 key를 추가한다

```
_addKeysToBooks = books => {
    return books.map(book => {
        return Object.assign(book, { key: book.title });
    });
};
```

이제 헬퍼 메서드가 완성되었다. 예제 4-12의 모의 데이터를 state 기본
값으로 지정하자.

```
constructor(props) {
    super(props);
    this.state = { data: this._addKeysToBooks(mockBooks) };
}
```

지금까지의 내용을 하나로 합치면 모의 데이터를 사용하는 베스트셀러
앱 코드는 예제 4-15와 같고 실행 화면은 그림 4-7과 같다.

그림 4-7 모의 데이터를 사용하는 <FlatList>

예제 4-15 src/bestsellers/MockBookList.js

```javascript
import React, { Component } from "react";

import { StyleSheet, Text, View, Image, FlatList } from "react-native";

import BookItem from "./BookItem";

const mockBooks = [
    {
        rank: 1,
        title: "GATHERING PREY",
        author: "John Sandford",
        book_image:
            "http://du.ec2.nytimes.com.s3.amazonaws.com/prd/books/9780399168796.jpg"
    },
    {
        rank: 2,
        title: "MEMORY MAN",
        author: "David Baldacci",
        book_image:
            "http://du.ec2.nytimes.com.s3.amazonaws.com/prd/books/9781455586387.jpg"
    }
];

class BookList extends Component {
    constructor(props) {
        super(props);
        this.state = { data: this._addKeysToBooks(mockBooks) };
    }

    _renderItem = ({ item }) => {
        return (
            <BookItem
                coverURL={item.book_image}
                title={item.key}
                author={item.author}
            />
        );
    };

    _addKeysToBooks = books => {
        // 뉴욕타임스 API 응답을 가져와서
        // 렌더링을 위한 key 속성을 객체에 추가
        return books.map(book => {
            return Object.assign(book, { key: book.title });
        });
    };
```

```
    render() {
        return <FlatList data={this.state.data} renderItem={this._renderItem} />;
    }
}

const styles = StyleSheet.create({ container: { flex: 1, paddingTop: 22 } });

export default BookList;
```

4.3.3 실제 데이터 연결하기

하드코딩된 모의 데이터 대신에 실제 데이터를 가지고 만들어보자. 실제 뉴욕타임스 API를 이용하는 코드는 예제 4-16과 같다.

예제 4-16 src/bestsellers/NYT.js

```
const API_KEY = "73b19491b83909c7e07016f4bb4644f9:2:60667290";
const LIST_NAME = "hardcover-fiction";
const API_STEM = "https://api.nytimes.com/svc/books/v3/lists";

function fetchBooks(list_name = LIST_NAME) {
    let url = `${API_STEM}/${LIST_NAME}?response-format=json&api-key=${API_KEY}`;
    return fetch(url)
        .then(response => response.json())
        .then(responseJson => {
            return responseJson.results.books;
        })
        .catch(error => {
            console.error(error);
        });
}

export default { fetchBooks: fetchBooks };
```

라이브러리를 컴포넌트에 불러오자.

```
    import NYT from "./NYT";
```

뉴욕타임스 API를 호출하는 _refreshData 메서드를 추가하자.

```
    _refreshData = () => {
        NYT.fetchBooks().then(books => {
            this.setState({ data: this._addKeysToBooks(books) });
        });
    };
```

마지막 차례로 비어 있는 배열을 state의 기본값으로 지정하고 _refresh
Data함수를 componentDidMount에서 호출하자. 이렇게만 하면 실제 뉴욕
타임스 베스트셀러 목록을 가져와서 화면에 보여주게 된다. 완성된 전체
코드는 예제 4-17과 같고 실행 화면은 그림 4-8과 같다.

예제 4-17 src/bestsellers/BookList.js

```js
import React, { Component } from "react";

import { StyleSheet, Text, View, Image, FlatList } from "react-native";

import BookItem from "./BookItem";
import NYT from "./NYT";

class BookList extends Component {
    constructor(props) {
        super(props);
        this.state = { data: [] };
    }

    componentDidMount() {
        this._refreshData();
    }

    _renderItem = ({ item }) => {
        return (
            <BookItem
                coverURL={item.book_image}
                title={item.key}
                author={item.author}
            />
        );
    };

    _addKeysToBooks = books => {
        // 뉴욕타임스 API 응답을 가져와서
        // 렌더링을 위한 key 속성을 객체에 추가
        return books.map(book => {
            return Object.assign(book, { key: book.title });
        });
    };

    _refreshData = () => {
        NYT.fetchBooks().then(books => {
            this.setState({ data: this._addKeysToBooks(books) });
        });
    };
```

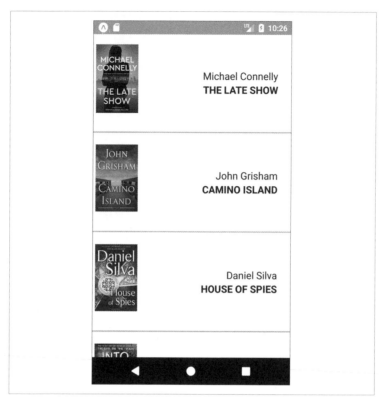

그림 4-8 <FlatList>를 이용한 현재 베스트셀러 목록

```
    render() {
        return (
            <View style={styles.container}>
                <FlatList data={this.state.data} renderItem={this._renderItem} />
            </View>
        );
    }
}

const styles = StyleSheet.create({ container: { flex: 1, paddingTop: 22 } });

export default BookList;
```

보시다시피 <FlatList> 컴포넌트는 데이터 목록을 짜임새 있게 보여줘
야 할 때 손쉽게 적용할 수 있다. 게다가 스크롤과 터치 인터랙션을 다
루는 것도 가능할 뿐만 아니라 렌더링 스피드와 메모리 사용량을 줄이

기 위해 성능 최적화 기술이 많이 적용되어 있다.

4.3.4 <SectionList> 사용하기

<SectionList>는 대부분 비슷한 형태의 아이템을 가지고 있는 목록을 섹션 헤더와 함께 표시하기 위해 만들어진 컴포넌트이다. 예를 들어 여러 분야의 베스트셀러 목록을 보여줄 때 각 분야마다 헤더를 표시하고자 한다면 <SectionList>를 사용하는 것이 좋은 선택이다.

<SectionList>에는 sections, renderItem과 renderSectionHeader를 지정해야 한다. sections는 섹션 데이터를 가지고 있는 객체의 배열이다. 각 섹션 객체는 title과 data 속성을 가지고 있어야 한다. data는 <FlatList>의 data와 비슷하다. 즉, 항목마다 고유의 key를 가지고 있는 배열이다.

_renderData 메서드를 소설과 비소설 베스트셀러로 구분하여 데이터를 가져오도록 수정하고 가져온 데이터를 컴포넌트의 state에 반영하자.

```
_refreshData = () => {
    Promise
        .all([
            NYT.fetchBooks("hardcover-fiction"),
            NYT.fetchBooks("hardcover-nonfiction")
        ])
        .then(results => {
            if (results.length !== 2) {
                console.error("Unexpected results");
            }

            this.setState({
                sections: [
                    {
                        title: "Hardcover Fiction",
                        data: this._addKeysToBooks(results[0])
                    },
                    {
                        title: "Hardcover NonFiction",
                        data: this._addKeysToBooks(results[1])
                    }
                ]
```

```
            });
        });
    };
```

섹션 헤더를 추가하기 위해 _renderItem을 수정할 필요는 없다.

다만 _ renderHeader 메서드를 추가하자.

```
_renderHeader = ({ section }) => {
    return (
        <Text style={styles.headingText}>
            {section.title}
        </Text>
    );
};
```

마지막으로 render 메서드가 <FlatList> 대신에 <SectionList>를 리턴
하도록 수정하자.

```
<SectionList
    sections={this.state.sections}
    renderItem={this._renderItem}
    renderSectionHeader={this._renderHeader}
/>
```

지금까지 설명한 <SectionList>를 사용하는 BookList 컴포넌트의 완성
된 코드는 예제 4-18과 같다. 그림 4-9는 이 코드가 실행된 모습이다.

예제 4-18 src/bestsellers/BookSectionList.js

```
import React, { Component } from "react";

import { StyleSheet, Text, View, Image, SectionList } from "react-native";

import BookItem from "./BookItem";
import NYT from "./NYT";

class BookList extends Component {
    constructor(props) {
        super(props);
        this.state = { sections: [] };
    }

    componentDidMount() {
        this._refreshData();
    }
```

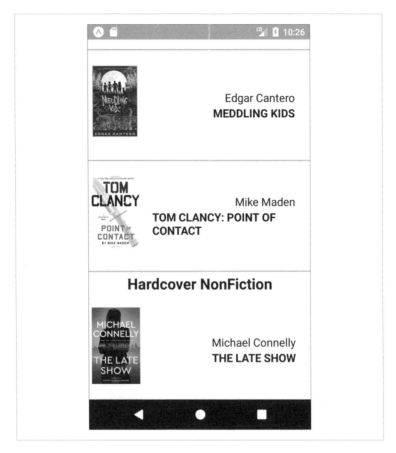

그림 4-9 <SectionList>를 이용한 현재 베스트셀러 목록

```
_addKeysToBooks = books => {
    // Takes the API response from the NYTimes,
    // and adds a key property to the object
    // for rendering purposes
    return books.map(book => {
        return Object.assign(book, { key: book.title });
    });
};

_refreshData = () => {
    Promise
        .all([
            NYT.fetchBooks("hardcover-fiction"),
            NYT.fetchBooks("hardcover-nonfiction")
        ])
```

```
            .then( results => {
                if (results.length !== 2) {
                    console.error("Unexpected results");
                }

                this.setState({
                    sections: [
                        {
                            title: "Hardcover Fiction",
                            data: this._addKeysToBooks(results[0])
                        },
                        {
                            title: "Hardcover NonFiction",
                            data: this._addKeysToBooks(results[1])
                        }
                    ]
                });
            });
    };

    _renderItem = ({ item }) => {
        return (
            <BookItem
                coverURL={item.book_image}
                title={item.key}
                author={item.author}
            />
        );
    };

    _renderHeader = ({ section }) => {
        return (
            <Text style={styles.headingText}>
                {section.title}
            </Text>
        );
    };

    render() {
        return (
            <View style={styles.container}>
                <SectionList
                    sections={this.state.sections}
                    renderItem={this._renderItem}
                    renderSectionHeader={this._renderHeader}
                />
            </View>
        );
    }
```

```
}

const styles = StyleSheet.create({
    container: { flex: 1, paddingTop: 22 },
    headingText: {
        fontSize: 24,
        alignSelf: "center",
        backgroundColor: "#FFF",
        fontWeight: "bold",
        paddingLeft: 20,
        paddingRight: 20,
        paddingTop: 2,
        paddingBottom: 2
    }
});

export default BookList;
```

4.4 내비게이션

모바일 앱 개발 분야에서 내비게이션이란 일반적으로 사용자로 하여금
한 화면에서 다른 화면으로 이동시키는 코드를 말한다. 웹 개발에서는
'뒤로'와 '앞으로' 같은 기능을 제공하는 window.history API가 이에 해
당한다.

내비게이션을 구현하기 위해서 리액트 네이티브가 기본으로 제공하는
<Navigator>와 <NavigationIOS>뿐만 아니라 커뮤니티가 만든 (react-
navigation 라이브러리가 제공하는) <StackNavigator>가 많이 사용된
다.[5]

모바일 앱에서 화면 간 이동을 위해서는 내비게이션 로직이 필요하
다. 또한 사용자가 특정 URL을 통해 앱의 특정 화면으로 이동할 수 있
는 '딥 링킹(deep linking)' 구현도 필요하다.

내비게이션 관련해서는 10장에서 자세히 다루겠다.

---

5 (옮긴이) 이 외에도 wix가 만든 react-native-navigation도 많이 사용되고 있다. react-navigation
   은 순수 자바스크립트 컴포넌트이며 react-native-navigation은 각 플랫폼의 네이티브 내비게이
   션을 최대한 활용하는 것이 그 특징이다.

4.5 짜임새를 위한 컴포넌트

짜임새를 위한 컴포넌트는 앞에서 설명한 것 이외에도 <TabBarIOS>
와 <SegmentedControlIOS>(그림 4-10)나 <DrawerLayoutAndroid>,
<ToolbarAndroid>(그림 4-11) 등 유용한 컴포넌트들이 상당히 많다.

그림 4-10 iOS 세그먼트 컨트롤(위), iOS 탭 바(아래)

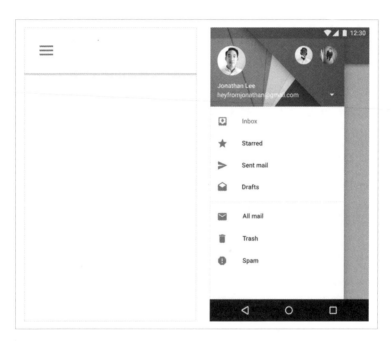

그림 4-11 안드로이드 툴바(왼쪽), 안드로이드 드로워(오른쪽)

한 가지 눈여겨볼 만한 사항은 앞서 언급한 모든 컴포넌트의 이름에는
특정 플랫폼을 뜻하는 접미사가 있다는 사실이다. 왜냐하면 이 컴포넌

트들은 플랫폼 특유의 UI 엘리먼트를 렌더링하기 위해 네이티브 API를 사용하고 있기 때문이다.

이러한 컴포넌트들은 앱을 여러 화면으로 구성할 때 매우 유용하다. 예를 들어 <TabBarIOS>와 <DrawerLayoutAndroid>를 이용하면 여러 모드나 기능 간의 전환을 쉽게 할 수 있다. <SegmentedControlIOS>와 <ToolbarAndroid>는 좀 더 세부적인 컨트롤에 적합하다.

이런 컴포넌트를 올바르게 사용하기 위해서 플랫폼별 디자인 가이드를 참고할 필요가 있다.

- Android Design Guide[6]
- iOS Human Interface Guidelines[7]

크로스 플랫폼 앱에서 플랫폼에 특화된 컴포넌트를 다루는 방법은 7장에서 다룬다.

4.6 요약

이 장에서는 리액트 네이티브 개발에 있어 가장 중요한 컴포넌트의 특징을 살펴보았다. <Text>나 <Image> 같은 저수준 컴포넌트에서부터 <FlatList>, <SectionList>나 <TabBarIOS> 같은 더 추상화된 컴포넌트에 이르기까지, 다양한 컴포넌트의 사용법을 알아보았다. 또한 사용자 정의 터치 핸들러를 만들기 위해 다양한 API와 컴포넌트를 어떻게 사용하는지도 다뤘다.

이쯤에서 여러분은 리액트 네이티브를 이용하여 간단한 앱을 만드는 기본기는 갖춘 셈이다! 이 장에서 소개한 컴포넌트들을 사용하여 앱을 만들 수 있었다. 이처럼 컴포넌트들을 혼합하여 앱을 만드는 것은 웹에서 리액트를 다루는 것과 많은 점이 비슷하다고 느꼈을 것이다.

---

6 *https://developer.android.com/guide/topics/resources/drawable-resource.html#Bitmap*

7 *https://developer.apple.com/ios/human-interface-guidelines/overview/themes*

프로젝트를 생성하고 앱에 기능을 추가하는 것은 앱을 만드는 과정의 일부일 뿐이다. 다음 장에서는 스타일에 대해 중점적으로 다루겠다. 모바일에서 여러분이 원하는 모양과 느낌(look and feel)을 달성하기 위해 리액트 네이티브의 스타일을 어떻게 사용하는지 알아보겠다.

5장

L e a r n i n g   **R e a c t   N a t i v e**

스타일

동작하는 앱을 만들 수 있다는 것은 멋진 일이다. 하지만 효과적으로 스타일을 적용할 수 없다면 멋진 앱을 완성할 수 없다. 3장에서 기본적인 스타일이 적용된 간단한 날씨 앱을 만들어보았다. 만드는 과정에서 리액트 네이티브 컴포넌트에 어떻게 스타일을 적용하는지 대략적으로 알수 있었지만 자세히 다루지는 않았다. 이번 장에서는 리액트 네이티브에서 스타일이 어떻게 동작하는지 자세히 살펴보겠다. 스타일시트를 어떻게 만들고 관리하는지 알아보고, 리액트 네이티브에서는 CSS 규칙이 어떻게 구현되어 있는지에 대해서도 이야기하겠다. 이 장이 마무리될 때쯤 리액트 네이티브 컴포넌트와 앱에 스타일을 적용하는 데 익숙해져 있을 것이다.

리액트 네이티브와 웹 앱에서 스타일을 공유하고 싶다면 깃허브[1]에 공유되어 있는 리액트 스타일 프로젝트를 살펴보자. 웹에서도 리액트 네이티브 스타일 시스템을 사용할 수 있다.

5.1 스타일의 선언과 조작

웹 환경에서 리액트를 사용할 때 스타일시트는 대개 별도의 파일로 분

---

1 *https://github.com/js-next/react-style*

리해 관리하며 CSS, SASS[2]나 LESS3[3]으로 작성한다. 리액트 네이티브는 근본적으로 다른 방식을 사용한다. 모든 스타일이 자바스크립트 안에 존재하고 명시적으로 컴포넌트에 스타일 객체를 연결해야 한다. 이러한 방식은 CSS 기반 스타일 표준에 명백히 위배되다 보니 부정적인 평가를 받기 일쑤이다.

리액트 네이티브의 스타일 시스템을 이해하려면 한 번쯤 전통적인 CSS 스타일시트를 다루다가 골머리를 앓아봤어야 한다.[4] CSS는 문제점이 많다. 모든 CSS 규칙과 클래스 이름은 전역 스코프에 존재한다. 이말은 하나의 컴포넌트에 스타일을 적용할 때 주의하지 않으면 다른 스타일에 영향을 주게 된다는 뜻이다. 그 예로 인기 있는 트위터의 부트스트랩(Bootstrap) 라이브러리를 불러오기만 해도 600개가 넘는 전역 변수가 추가되는데, 이 변수를 염두에 두고 있어야 한다. 왜냐하면 CSS는 스타일을 적용할 HTML 엘리먼트와 명시적으로 연결되지 않고, 사용하지 않는 코드는 제거하기 어려우며, 특정 엘리먼트에 적용된 스타일을 알아내기도 쉽지 않기 때문이다.

SASS나 LESS 같은 언어는 CSS의 단점을 어느 정도 극복하지만 근본적인 문제는 여전히 해결하지 못하고 있다. 리액트의 스타일은 CSS의 장점을 유지하면서도 많은 변화를 줄 수 있을 만큼 유연하다. 리액트 네이티브의 스타일 중 일부는 CSS와 비슷하게 구현되어 있는데, 상세하게 스타일을 지정할 수 있으면서도 작성하기 쉽게 만들어져 있다. 한편 위치를 지정하는 방법은 완전히 다르다. 위치 지정 방법에 대해서는 이 장의 뒷부분에서 다루겠다. 스타일과 관련된 모든 속성은 리액트 문서[5]에서 확인할 수 있다.

리액트 네이티브에서는 스타일시트 대신에 자바스크립 기반의 스타일 객체를 사용한다. 리액트 최고의 장점 중 하나가 모든 것을 자바스크

---

2 (옮긴이) SASS는 *http://www.sass-lang.com* 참고.
3 (옮긴이) LESS는 *http://lesscss.org* 참고.
4 'Vjeux'로 알려진 크리스토퍼 쉐드(Christopher Chedeau)가 "CSS in JS" 슬라이드에서 좀 더 자세히 설명하고 있다. *https://speakerdeck.com/vjeux/react-css-in-js*
5 *https://facebook.github.io/react-native/docs/view.html#style*

립트 코드로 작성해야 하기 때문에 자바스크립트를 통해 모듈화된 형태로 스타일을 쓰게 된다는 점이다.

이번 장에서는 리액트 네이티브에서 스타일 객체를 생성하고 다루는 방법에 대해 살펴보겠다.

5.1.1 인라인 스타일 사용하기

비록 인라인 스타일이 최선의 방법은 아니지만 문법적으로는 가장 간단하게 리액트 네이티브의 컴포넌트에 스타일을 적용하는 방법이다. 예제 5-1에서 볼 수 있듯이 리액트 네이티브의 인라인 스타일 문법은 웹 환경에서 리액트를 다룰 때와 같다.

예제 5-1 인라인 스타일 사용하기

```
<Text>
    The quick <Text style={{fontStyle: "italic"}}>brown</Text> fox
    jumped over the lazy <Text style={{fontWeight: "bold"}}>dog</
Text>.
</Text>
```

인라인 스타일에도 장점이 있다. 약식으로 간단히 스타일에 변화를 줄 수 있다.

이 방법이 효율적이지는 않기 때문에 웬만하면 이렇게 작성해서는 안 된다. 이 경우 인라인 스타일 객체는 render 함수가 호출될 때마다 다시 생성된다. props나 state의 변화에 따라 스타일을 변경해야 할 때도 인라인 스타일을 사용하지 않고 구현하는 방법이 있다. 그 방법에 대해 알아보자.

5.1.2 오브젝트로 스타일 적용하기

인라인 스타일 문법을 보면 스타일 속성에 객체를 바로 지정하는 것을 알 수 있다. redner 함수가 실행될 때마다 불필요하게 스타일 객체가 매번 생성되는 것을 막으려면 예제 5-2처럼 스타일 객체를 따로 분리하면 된다.

예제 5-2 스타일 속성에 자바스크립트 오브젝트를 지정할 수 있다

```
const italic = {
    fontStyle: "italic"
};
const bold = {
    fontWeight: "bold"
};

...

render() {
    return (
        <Text>
            The quick <Text style={italic}>brown</Text> fox
            jumped over the lazy <Text style={bold}>dog</Text>.
        </Text>
        );
}
```

5.1.3 StyleSheet.create 사용하기

StyleSheet.create를 사용하는 예제를 많이 보게 될 것이다. 이 함수는
약간의 혜택도 있고 사용하기도 편리하다.

원시 자바스크립트 객체를 넘기는 대신에 스타일시트를 생성하는 것
은 반복적인 객체 할당을 줄여 성능적인 이점이 있다. 또한 코드를 명확
하게 구조화할 수 있다는 장점도 있다. 한번 생성된 스타일은 변경할 수
없다(immutable). 이는 도움이 될 때가 많다.

StyleSheet.create를 사용하는 것은 전적으로 선택사항이지만 여러
분도 이를 필수적으로 자주 사용하게 될 것이다.

예제 4-10의 PanDemo.js는 스타일 객체를 바로 정의하지 않고, 다소
번거롭지만 StyleSheet.create를 사용함으로써 불변성을 보장하는 좋
은 예제이다. 터치의 움직임에 따라 원의 위치를 바꾸기 위해 작성한 코
드를 떠올려보자. PanResponder로부터 업데이트된 정보를 받을 때마다
state를 갱신하고 원의 스타일을 변경했다. 이 상황에서는 원의 위치를
다루는 스타일에 대해서 불변성이 전혀 필요하지 않았다. 따라서 원시
객체에 스타일을 저장해서 사용해도 된다.

5.1.4 스타일 병합하기

두 개 이상의 스타일을 합치고 싶을 때 어떻게 해야 할까?

앞서 스타일을 재사용하기보다 스타일이 적용된 컴포넌트를 재사용하라고 했던 것을 기억하는가? 그건 맞는 말이다. 하지만 가끔은 스타일의 재사용이 편리할 때도 있다. 예를 들어 button 스타일과 accent Text 스타일이 이미 정의되어 있는 상황에서 이 둘을 합쳐서 Accent Button 컴포넌트를 만들고 싶은 경우가 그러하다.

스타일이 다음과 같이 정의되어 있다고 하자.

```
const styles = StyleSheet.create({
    button: {
        borderRadius: "8px",
        backgroundColor: "#99CCFF"
    },
    accentText: {
        fontSize: 18,
        fontWeight: "bold"
    }
});
```

이런 상황이라면 간단히 두 스타일을 병합하여 두 스타일이 모두 적용된 컴포넌트를 만들 수 있다(예제 5-3).

예제 5-3 style 속성은 객체의 배열로도 지정할 수 있다

```
class AccentButton extends Component {
    render() {
        return (
            <Text style={[styles.button, styles.accentText]}>
                {this.props.children}
            </Text>
        );
    }
}
```

앞의 코드에서 보았듯이 style 속성은 스타일 객체로 구성된 배열로 지정할 수 있다. 게다가 여기에 인라인 스타일도 추가할 수 있다(예제 5-4).

예제 5-4 스타일 오브젝트와 인라인 스타일도 합칠 수 있다

```
class AccentButton extends Component {
    render() {
        return (
            <Text style={[styles.button, styles.accentText, {color: "#FFFFFF"}]}>
                {this.props.children}
            </Text>
        );
    }
}
```

두 스타일 객체가 같은 속성을 지정하는 경우처럼 속성 간에 충돌이 발생하면 리액트 네이티브는 다음과 같은 방법으로 해결한다. 배열에서 오른쪽에 있는 객체에 지정된 속성이 우선순위가 더 높고, 만약 부정 값(false, null, undefined)이 있을 경우 해당 속성은 무시된다.

이 패턴을, 조건에 따라 스타일을 적용할 때 사용할 수 있다. 예를 들어 터치하는 동안 추가적인 스타일을 <Button>에 적용하고 싶다면 예제 5-5처럼 코드를 작성하면 된다.

예제 5-5 조건적인 스타일 사용하기

```
<View style={[styles.button, this.state.touching && styles.highlight]} />
```

이와 같은 방법을 적절히 사용하면 렌더링 코드의 로직이 간결해진다.

일반적으로 스타일 병합은 스타일을 합치는 데 유용한 도구이다. 웹 환경에서 SASS의 @extend와 기본적인 CSS에서 class를 재정의(over-ride)하는 방법과 비교해보자. 스타일 병합이 더 제한적인 도구이지만 분명 좋은 도구이다. 왜냐하면 로직은 간결하게 유지하면서 어떤 스타일이 어떻게 적용되는지 파악하기 쉽기 때문이다.

5.2 구조화 및 상속

지금까지 대부분의 예제는 스타일 코드를 메인 자바스크립트 파일의 마지막 부분에서 StyleSheet.create 함수를 한 번 호출하여 생성했다. 이 방법은 예제로서는 충분하지만 실제 앱 제작에 이렇게 하고 싶지 않

을 것이다. 그렇다면 스타일을 어떻게 구조화해야 할까? 이번 절에서 스타일을 구조화하는 방법에 대해 살펴보고 스타일을 어떻게 공유하고 상속하는지도 알아보자.

5.2.1 스타일 객체 내보내기

스타일 코드가 더 복잡해지면 컴포넌트의 자바스크립트 파일에서 스타일을 분리하고 싶을 것이다. 일반적인 해결 방법은 컴포넌트마다 구분된 폴더를 갖는 것이다. 컴포넌트 이름이 <ComponentName>이라면 ComponentName/이라는 폴더를 만들고 다음과 같이 구성하자.

```
- ComponentName
  |- index.js
  |- styles.js
```

styles.js에서 스타일시트를 만들고 이를 export 해야 한다(예제 5-6).

예제 5-6 자바스크립트 파일에서 스타일 내보내기

```
import { StyleSheet } from "react-native";

const styles = StyleSheet.create({
    text: {
        color: "#FF00FF",
        fontSize: 16
    },
    bold: {
        fontWeight: "bold"
    }
});

export default styles;
```

index.js에서 다음과 같이 스타일을 불러온다.

```
import styles from "./styles";
```

그 다음 컴포넌트에서 다음과 같이 사용할 수 있다.

예제 5-7 외부 자바스크립트 파일에서 스타일 불러오기

```
import React, { Component } from "react";
import { StyleSheet, View, Text } from "react-native";
import styles from "./styles";

class ComponentName extends Component {
    render() {
        return (
            <Text style={[styles.text, styles.bold]}>
                Hello, world
            </Text>
        );
    }
}
```

5.2.2 스타일을 props로 전달하기

스타일은 컴포넌트의 props로 전달할 수 있다.

이 패턴은 확장 가능한 컴포넌트를 만들 때 사용할 수 있다. 부모 컴포넌트가 해당 컴포넌트를 좀 더 효과적으로 다루고 스타일을 지정할 수 있게 된다(예제 5-8). 이 방법으로 CSS의 캐스캐이딩(cascading)과 비슷하게 동작하게 할 수 있다.

예제 5-8 컴포넌트는 스타일 객체를 props로 전달받을 수 있다

```
import React, { Component } from "react";
import { View, Text } from "react-native";

class CustomizableText extends Component {
    render() {
        return (
            <Text style={[{fontSize: 18}, this.props.style]}>
                Hello, world
            </Text>
        );
    }
}
```

this.props.style을 스타일 배열의 끝에 추가함으로써 기본으로 지정한 스타일 속성을 재정의할 수 있다.

5.2.3 스타일의 재사용과 공유

대개 스타일을 재사용하기보다 스타일이 적용된 컴포넌트를 재사용하게 된다. 그래도 컴포넌트 간에 공유하고 싶은 스타일이 있기 마련이다. 이럴 때는 다음과 같은 형태로 구성하는 것이 일반적이다.

```
- js
  |- components
     |- Button
        |- index.js
        |- styles.js
  |- styles
     |- styles.js
     |- colors.js
     |- fonts.js
```

컴포넌트와 스타일을 별도의 디렉터리로 구분하면 사용 목적에 따라 스타일 파일을 명확히 구분할 수 있다. 컴포넌트 폴더에는 컴포넌트별로 해당되는 리액트 클래스와 컴포넌트가 사용하는 파일들을 넣는다. 공유하는 스타일은 컴포넌트 폴더 밖에 둔다. 공유하여 재사용하게 되는 스타일에는 색상 팔레트, 폰트, 표준 마진(margin)과 패딩(padding) 등이 있다.

styles/styles.js는 다른 공유 스타일 파일들을 불러와서 외부에서 사용할 수 있도록 내보내기를 한다. 공유 스타일을 사용하려는 컴포넌트에서 style.js만 불러오고 필요한 스타일을 사용한다. 개인적인 취향에 따라 styles/에서 필요한 스타일시트를 개별적으로 컴포넌트에서 불러오는 방식을 사용하기도 한다.

스타일이 모두 자바스크립트에 존재하다 보니 스타일 코드를 어떻게 구조화할지 고민이 될 수밖에 없다. 구조화하는 방법은 다양하며 하나의 정답만 존재하는 것은 아니다.

5.3 위치 잡기 및 레이아웃 디자인하기

리액트 네이티브로 스타일을 적용할 때 CSS와 가장 큰 차이점은 위치 지정 방법이다. CSS에서는 다양한 방법으로 위치를 지정할 수 있다. 절

대(absolute) 위치 지정, 테이블(table), 블록(block) 레이아웃 등 위치
와 관련된 방법이 많다 보니 길을 잃기 십상이다. 리액트 네이티브의 위
치 지정 방법은 소수 정예이다. flexbox와 절대 위치 지정이 핵심이다.
여기에 `margin`이나 `padding`과 같은 친숙한 속성을 함께 사용한다. 이번
절에서 리액트 네이티브에서 레이아웃을 어떻게 만드는지 살펴볼 것이
다. 끝으로 몬드리안(Mondrian) 그림의 레이아웃을 리액트 네이티브에
서 만들어보자.

5.3.1 Flexbox를 이용한 레이아웃

Flexbox는 CSS3의 레이아웃 모드이다. `block`이나 `inline`과 같은 기존
의 레이아웃 모드와는 달리 flextbox는 레이아웃 만들 때 배치하는 방
향을 지정할 수 있다(그렇다. 드디어 세로 방향에서 가운데 정렬을 쉽
게 할 수 있다). 리액트 네이티브는 flexbox에 상당히 의존적이다. 만
약 flexbox에 대한 전반적인 세부사항이 궁금하다면 MDN(Mozilla
Developer Network) 문서를 먼저 볼 것을 추천한다.[6][7]

리액트 네이티브에서는 다음과 같은 flexbox 속성을 사용할 수 있다.

- flex
- flexDirection
- flexWrap
- alignSelf
- alignItems

그리고 다음과 같은 속성은 레이아웃과 밀접한 관계가 있다.

- height
- width

---

6 *http://mzl.la/1Ta8Zcj*
7 (옮긴이) flexbox가 처음이라면 *http://flexboxfroggy.com*을 방문하길 추천한다. 게임을 하듯이 개
   구리의 위치를 옮겨가며 flexbox에 대해 재미있게 배울 수 있다.

- margin

- border

- padding

웹 환경에서 flexbox를 사용한 적이 있다면 여기서 다루는 내용 중 새로울 것은 별로 없다. 하지만 리액트 네이티브에서 flexbox는 레이아웃을 만드는 중요한 요소이기 때문에 flexbox가 어떻게 동작하는지 좀 더 살펴보겠다.

Flexbox의 핵심은 가변적인 사이즈의 엘리먼트가 주어지더라도 레이아웃을 예측할 수 있게 하는 것이다. 다양한 스크린과 방향(orientation)을 고려해야 하는 모바일 화면을 만들 때 flexbox는 유용할 수밖에 없다(사실 필수에 가깝다).

자식 컴포넌트를 가지고 있는 <View>부터 살펴보자.

```
<View style={styles.parent}>
    <Text style={styles.child}> Child One </Text>
    <Text style={styles.child}> Child Two </Text>
    <Text style={styles.child}> Child Three </Text>
</View>
```

기본적인 스타일을 컴포넌트에 적용하자. 위치 지정과 관련해서는 아직 손대지 않았다.

```
const styles = StyleSheet.create({
    parent: {
        backgroundColor: '#F5FCFF',
        borderColor: '#0099AA',
        borderWidth: 5,
        marginTop: 30
    },
    child: {
        borderColor: '#AA0000',
        borderWidth: 2,
        textAlign: 'center',
        fontSize: 24,
    }
});
```

실행 결과의 레이아웃은 그림 5-1과 같다.

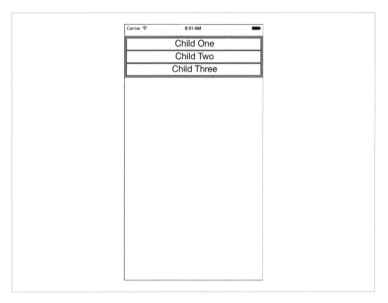

그림 5-1 flex 속성을 지정하기 전의 레이아웃 화면

다음으로 부모와 자식 컴포넌트에 flex를 지정하자. flex 속성을 지정함
으로써 명시적으로 flexbox가 어떻게 동작할지 선택할 수 있다. flex에
는 숫자를 지정한다. 이 숫자는 자식들 간의 상대적인 가중치에 해당한
다. 모두 1로 지정해서 가중치를 똑같이 주었다.

 flexDirection을 column으로 지정했기 때문에 자식 컴포넌트들을 세
로 방향으로 배열한다. 이 flexDirection을 row로 바꾸면 자식 컴포넌트
들을 가로 방향으로 배열하게 된다. 이를 적용한 스타일 코드 변경사항
은 예제 5-9에서 볼 수 있다. 그림 5-2는 속성값에 따라 어떻게 레이아
웃이 달라지는지 보여주고 있다.

예제 5-9 flex와 flexDirection 변경하기

```
const styles = StyleSheet.create({
    parent: {
        flex: 1,
        flexDirection: 'column',
        backgroundColor: '#F5FCFF',
```

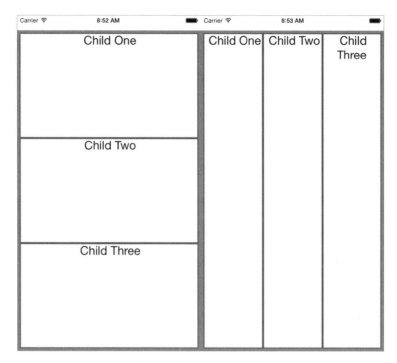

그림 5-2 flex와 flexDirection 속성 지정
flexDirection이 column인 경우(왼쪽)와 row인 경우(오른쪽)

```
        borderColor: '#0099AA',
        borderWidth: 5,
        marginTop: 30
    },
    child: {
        flex: 1,
        borderColor: '#AA0099',
        borderWidth: 2,
        textAlign: 'center',
        fontSize: 24,
    }
});
```

alignItems를 지정하면 자식들은 더 이상 양쪽 방향으로 가능한 공간을
채우기 위해 확장하지 않는다. 이를 지정하지 않을 경우 flexDirection
이 row로 지정되어 있기 때문에 자식들은 자신이 속한 행(row)을 가득
채우기 위해 위아래 방향으로 확장하게 된다. 하지만 이제는 필요한 높

이만큼만 차지하게 된다.

alignItems 속성은 교차축(cross-axis)에서의 위치를 결정한다. 교차축이란 flexDirection과 직교하는 방향을 말한다. 이 예제의 경우 교차축은 세로 방향이다. flex-start는 자식을 상단에 위치하게 하며 center는 중간, flex-end는 하단에 위치하게 한다.

alignItems를 지정하면 어떤 변화가 일어나는지 살펴보자(실행 결과는 그림 5-3에서 확인).

```
const styles = StyleSheet.create({
    parent: {
        flex: 1,
        flexDirection: "row",
        alignItems: "flex-start",
        backgroundColor: "#F5FCFF",
        borderColor: "#0099AA",
        borderWidth: 5,
        marginTop: 30
    },
    child: {
        flex: 1,
        borderColor: "#AA0099",
        borderWidth: 2,
        textAlign: "center",
        fontSize: 24,
    }
});
```

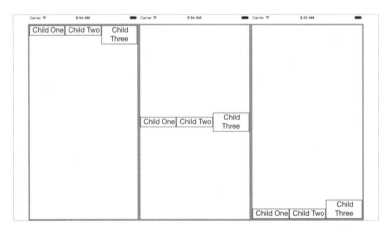

그림 5-3 왼쪽부터 flex-start, center 그리고 flex-end으로 지정했을 때 결과이다
alignItems 지정하는 것은 자식들의 교차축(flexDirection과 직교하는 축)에서의 위치를 결정한다

5.3.2 절대적 위치 지정

추가적으로 리액트 네이티브의 flexbox는 절대적인 위치 지정이 가능
하다. 웹과 거의 동일하게 동작한다. position을 다음과 같이 지정하면
된다.

```
position: "absolute"
```

이렇게 지정하고 나면 우리에게 친숙한 left, right, top 그리고 bottom
을 이용하여 위치를 잡을 수 있다.

absolute로 지정되면 부모의 위치에 상대적인 좌표로 위치가 잡힌다.
따라서 flexbox를 이용하여 부모 엘리먼트의 레이아웃을 잡으면서 자
식들은 절대 위치로 지정할 수 있다.

절대적 위치 지정은 상당히 유용하게 쓰인다. 예를 들어 스마트폰의
상태바(status bar) 바로 아래에 위치할 컨테이너 뷰를 만들고 싶을 때,
절대적 위치 지정을 이용하면 간단히 구현할 수 있다.

```
container: {
    position: "absolute",
    top: 30,
    left: 0,
    right: 0,
    bottom: 0
}
```

5.3.3 모두 합쳐서 완성하기

지금까지 살펴본 위치 지정 방법을 활용하여 더 복잡한 레이아웃을 만
들어보자. 그림 5-4와 같이 몬드리안의 작품을 흉내 내보자.

이런 레이아웃은 어떻게 만들어야 할까?

먼저, 컨테이너 역할을 할 부모의 스타일을 만들어보자. 이 부모의 경
우 화면 상단에 상태바가 있기 때문에, 상단의 30픽셀 공간을 제외하고
화면 전체를 채워야 한다. 이런 경우에는 절대적 위치를 지정하는 것이
적합하다. 또한 flexDirection을 column으로 지정해보자.

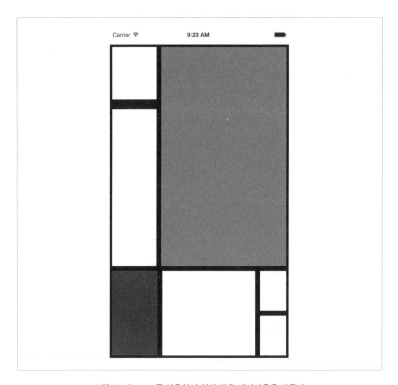

그림 5-4 flexbox를 이용하여 위와 같은 레이아웃을 만들자

```
parent: {
    flexDirection: 'column',
    position: 'absolute',
    top: 30,
    left: 0,
    right: 0,
    bottom: 0
}
```

다시 그림 5-4를 살펴보면 레이아웃을 몇 개의 큰 영역으로 나눌 수 있다. 다양한 방법으로 영역을 나눌 수 있지만 그림 5-5처럼 레이아웃을 구분해보자.

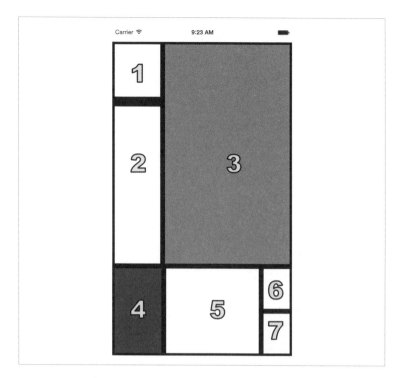

그림 5-5 영역별로 지정된 숫자의 순서에 따라 스타일을 적용해보자

먼저 상단과 하단으로 구분하여 레이아웃을 구현한다.

```
<View style={styles.parent}>
    <View style={styles.topBlock}>
    </View>
    <View style={styles.bottomBlock}>
    </View>
</View>
```

그리고 다음과 같이 좀 더 구현하자. 다음 코드는 왼쪽 상단에 셀 1, 2
가 들어갈 영역(left column)과 셀 6, 7이 들어갈 오른쪽 하단(bottom
right) 영역, 셀 3, 4, 5에 해당하는 <View> 컴포넌트로 구성되어 있다.

```
<View style={styles.parent}>
    <View style={styles.topBlock}>
        <View style={styles.leftCol}>
        </View>
        <View style={[styles.cellThree, styles.base]} />
```

```
            </View>
        <View style={styles.bottomBlock}>
            <View style={[styles.cellFour, styles.base]}/>
            <View style={[styles.cellFive, styles.base]}/>
            <View style={styles.bottomRight}>
            </View>
        </View>
    </View>
```

마지막 마크업(markup)은 7개의 모든 셀을 포함한다. 예제 5-10은 이
컴포넌트의 전체 코드이다.

예제 5-10. styles/Mondrian/index.js

```
import React, { Component } from "react";
import { StyleSheet, Text, View } from "react-native";

import styles from "./style";

class Mondrian extends Component {
    render() {
        return (
            <View style={styles.parent}>
                <View style={styles.topBlock}>
                    <View style={styles.leftCol}>
                        <View style={[styles.cellOne, styles.base]} />
                        <View style={[styles.base, styles.cellTwo]} />
                    </View>
                    <View style={[styles.cellThree, styles.base]} />
                </View>
                <View style={styles.bottomBlock}>
                    <View style={[styles.cellFour, styles.base]} />
                    <View style={[styles.cellFive, styles.base]} />
                    <View style={styles.bottomRight}>
                        <View style={[styles.cellSix, styles.base]} />
                        <View style={[styles.cellSeven, styles.base]} />
                    </View>
                </View>
            </View>
        );
    }
}

export default Mondrian;
```

마지막으로 우리가 원하는 대로 동작하게 하기 위한 스타일을 추가하
자(예제 5-11).

예제 5-11 styles/Mondrian/style.js

```
import React from "react";
import { StyleSheet } from "react-native";

const styles = StyleSheet.create({
    parent: {
        flexDirection: "column",
        position: "absolute",
        top: 30,
        left: 0,
        right: 0,
        bottom: 0
    },
    base: { borderColor: "#000000", borderWidth: 5 },
    topBlock: { flexDirection: "row", flex: 5 },
    leftCol: { flex: 2 },
    bottomBlock: { flex: 2, flexDirection: "row" },
    bottomRight: { flexDirection: "column", flex: 2 },
    cellOne: { flex: 1, borderBottomWidth: 15 },
    cellTwo: { flex: 3 },
    cellThree: { backgroundColor: "#FF0000", flex: 5 },
    cellFour: { flex: 3, backgroundColor: "#0000FF" },
    cellFive: { flex: 6 },
    cellSix: { flex: 1 },
    cellSeven: { flex: 1, backgroundColor: "#FFFF00" }
});

export default styles;
```

5.4 요약

이 장에서는 리액트 네이티브에서 스타일이 어떻게 동작하는지 살펴보았다. 스타일을 다루는 다른 방법들은 대부분 CSS와 비슷하게 동작하지만, 리액트 네이티브는 다른 구조와 방식으로 스타일을 다룬다. 이 장에서 새로운 내용을 많이 접했을 것이다. 여러분은 이제 모바일 UI를 만들 때 리액트 네이티브 스타일을 어떻게 효과적으로 다루는지 알게 되었다. 무엇보다도 시뮬레이터에서 reload를 눌러서 바로 수정한 스타일을 바로 확인할 수 있다는 것은 리액트 네이티브의 큰 장점이다. (전통적인 모바일 개발에서는 스타일을 수정하고 변경사항을 확인하기 위해 보통 앱을 다시 빌드해야만 했다. 끔찍하지 않은가?)

스타일과 관련된 실습을 더 하고 싶다면 전에 다루었던 베스트셀러나 날씨 앱의 스타일과 레이아웃을 변경해보자. 앞으로 나올 장들에서 더 많은 예제 앱이 나온다. 연습할 예제는 많으니 걱정하지 말자.

6장

플랫폼 API

모바일 앱을 만들다보면 자연스럽게 대상 플랫폼 특유의 API를 활용하고 싶어질 것이다. 리액트 네이티브는 스마트폰의 카메라롤, 위치, 영속되는 저장소 등을 쉽게 사용할 수 있게 해준다. 이러한 플랫폼 특유의 API는 리액트 네이티브에 내장된 모듈을 통해 사용하기 편리한 비동기 자바스크립트 인터페이스로 제공된다.

리액트 네이티브는 처음부터 대상 플랫폼의 모든 기능을 제공하지 않는다. 일부 API들은 직접 모듈을 만들어서 써야 하거나 리액트 네이티브 커뮤니티에서 다른 사람이 만든 모듈을 사용해야 한다. 모듈을 만드는 방법은 7장에서 다루겠다. 여러분이 사용하길 원하는 API를 리액트 네이티브가 지원하는지 확인하려면 리액트 네이티브 문서[1]를 점검해보는 것이 가장 좋은 방법이다.

이 장에서는 사용 가능한 플랫폼 API 중 일부만을 다룬다. 앞서 만든 날씨 앱을 예제 삼아 코드를 조금 수정해보자. 사용자의 현재 위치를 자동으로 파악하는 위치 서비스를 추가하고, 검색했던 이력을 기억하도록 앱 안에 저장하는 기능도 추가해본다. 마지막으로 카메라를 이용하여 사용자의 사진 중 하나를 배경 이미지로 지정하도록 수정해보자.

---

1 *https://facebook.github.io/react-native/docs/getting-started.html*

각 섹션에서는 관련된 단편적인 코드(snippet)를 가지고 설명하겠다.
앱의 전체 코드는 6.4절 'SmarterWeather 앱'에서 확인할 수 있다.

6.1 지리적 위치 정보 이용하기

모바일 앱에서는 사용자의 위치를 안다는 것은 매우 중요하다. 사용자
의 위치를 알면 상황에 따른 정보를 제공할 수 있다. 많은 모바일 앱이
위치 정보를 광범위하게 사용하고 있다.

리액트 네이티브는 지리적 위치 추적(geolocation) 기능을 기본적
으로 제공한다. 이 기능은 플랫폼에 상관없이 동일(platform-agnostic
"polyfill")하게 사용할 수 있다. 이 기능은 MDN Geolocation API 웹 명
세서[2]를 따르는 형식의 데이터를 리턴한다. 명세서의 내용을 준수하고
있기 때문에 위치 서비스와 같은 플랫폼 특유의 API를 직접 다룰 필요
가 없을 뿐만 아니라, 위치를 다루는 코드가 모든 플랫폼에서 동일하게
동작한다.

6.1.1 사용자 위치 얻어오기

위치 추적 API를 이용하여 사용자의 위치 정보를 확인하는 것은 식
은 죽 먹기이다. 예제 6-1에서처럼 navigator.geolocation을 호출하면
된다.

예제 6-1 navigator.geolocation을 호출하여 사용자의 위치 정보 알아내기

```
navigator.geolocation.getCurrentPosition(
    (position) => {
        console.log(position);
    },
    (error) => {alert(error.message)},
    {enableHighAccuracy: true, timeout: 20000, maximumAge: 1000}
);
```

위치가 자바스크립트 콘솔에 찍힐 것이다. 콘솔을 다루는 방법은 9.1.2

---

2   *https://developer.mozilla.org/en-US/docs/Web/API/Geolocation*

절 'console.log로 디버깅하기'에서 설명한다.

위치 정보 명세서의 내용과 동일하게 따로 모듈을 불러올 필요는 없다. 바로 사용할 수 있다.

getCurrentPosition은 성공 콜백(success callback), 에러 콜백(error callback), geoOptions 이렇게 3개의 인자를 받는다. 성공 콜백만 필수 인자이다.

성공 콜백으로 전달되는 position 객체에는 좌표와 타임스탬프(time stamp)가 들어 있다. 예제 6-2는 position 객체의 한 예이다.

예제 6-2 getCurrentPosition 함수를 통해 얻을 수 있는 정보

```
{
    coords: {
        speed:-1,
        longitude:-122.03031802,
        latitude:37.33259551999998,
        accuracy:500,
        heading:-1,
        altitude:0,
        altitudeAccuracy:-1
    },
    timestamp:459780747046.605
}
```

geoOptions는 객체로서 timeout, enableHighAccuracy 그리고 maximum Age 옵션을 지정할 수 있다. 이 중에 timeout은 앱 로직에 가장 영향을 미치는 옵션일 것이다.

이 코드는 Info.plist(iOS)나 AndroidManifest.xml(안드로이드)에 필요한 권한을 추가하기 전까지는 동작하지 않는다. 이와 관련돼서는 다음 절에서 다룬다.

6.1.2 권한 다루기

위치 정보는 민감한 개인 정보이기 때문에 기본적으로 앱이 바로 접근할 수 없다. 이러한 정보에 대한 접근은 허용되거나 거절당할 수 있기 때문에 모든 경우를 대비한 코드 작성이 필요하다.

대부분의 모바일 플랫폼은 사용자가 위치 정보 접근 권한을 다룰 수 있도록 별도의 기능을 제공한다. 예를 들어 iOS에서는 사용자가 모든 위치 서비스를 한번에 차단할 수도 있고 앱별로 권한을 관리할 수도 있다. 여기서 중요한 점은 권한은 언제든지 철회될 수도 있다는 점이다. 따라서 위치 정보 요청이 실패했을 때에 대한 대비가 앱에 구현되어 있어야 한다.

앱 설정파일에 이 앱이 위치 정보에 접근할 필요가 있다는 것을 명시해야만 위치 정보 접근을 요청할 수 있다.

iOS의 경우 `NSLocationWhenInUseUsageDescription` 항목을 리액트 네이티브 앱 생성 시 기본으로 포함되는 `Info.plist` 파일에 추가해야 한다.

안드로이드의 경우 `AndroidManifest.xml` 파일에 다음 코드를 추가해야 한다.

```
<uses-permission android:name="android.permission.ACCESS_FINE_LOCATION" />
```

앱이 처음으로 위치 정보에 접근하려고 했을 때 사용자에게 그림 6-1과 같은 권한 요청 대화 상자가 보이게 된다.

그림 6-1 위치 정보 요청

대화 상자가 화면에 보이는 동안에는 어떤 콜백도 호출되지 않는다. 사용자가 허용 여부를 선택하고 나면 그에 맞는 콜백이 호출될 것이다. 앱별로 한번 선택한 사항은 유지되므로 다음번 요청에는 대화 상자가 나타나지 않는다.

사용자가 거절했을 경우에는 위치 정보를 가져오지 못할 뿐 아무 일도 일어나지 않게 할 수 있다. 하지만 대부분의 앱은 요청이 거절당하면 위치 정보를 허용해 달라고 별도로 만든 대화 상자를 사용자에게 다시 보여주곤 한다.

6.1.3 iOS 시뮬레이터에서 위치 관련 기능 테스트하기

개발 및 테스트는 대부분 책상에 앉아서 시뮬레이터상에서 이뤄지게 된다. 그렇다면 만약 여러분의 앱이 다른 장소에서 실행되었을 때 달라지는 동작을 구현해야 한다면 이는 어떻게 테스트해야 할까?

iOS 시뮬레이터에는 가상으로 현재 위치를 손쉽게 변경할 수 있는 기능이 있다. 기본은 애플 본사가 있는 미국 캘리포니아의 위치이지만 그림 6-2와 같이 Debug → Location → Custom Location... 메뉴를 눌러 다른 좌표를 입력하여 변경할 수 있다.

그림 6-2 iOS 시뮬레이터의 위치 설정 기능

이와 마찬가지로 안드로이드 에뮬레이터에도 GPS 위치 값을 설정할 수 있다(그림 6-3). 심지어 위치의 이동도 시뮬레이션 설정하여 테스트할 수 있다.

그림 6-3 안드로이드 에뮬레이터의 위치 설정 기능

테스트 절차의 일환으로 다른 위치를 지정하여 확인해보는 것은 좋은 습관이다. 물론 확실한 테스트를 원한다면 실제 디바이스에 설치해서 직접 테스트해야 한다.

6.1.4 사용자 위치 지켜보기

사용자 위치 지켜보기를 설정하면 위치가 변했을 때 변경된 정보를 받을 수 있다. 지속적으로 사용자의 위치를 추적하거나 가장 최신 위치 정보를 유지하고자 할 때 사용할 수 있다.

```
this.watchID = navigator.geolocation.watchPosition((position) => {
    this.setState({position: position});
});
```

위치 변화 지켜보기를 그만하고 싶다면 다음과 같이 해지할 수 있다.

```
componentWillUnmount() {
    navigator.geolocation.clearWatch(this.watchID);
}
```

6.1.5 제한사항

MDN 명세서를 기반으로 하는 위치 추적 기능이 구현되었기 때문에 위치 관련 최신 기능은 포함되지 않았다. 예를 들어 iOS는 사용자가 지정된 지리적 지역에 들어가거나 나올 때 알림을 받을 수 있게 해주는 지오펜싱(Geofencing) API를 제공하고 있지만 리액트 네이티브는 이 API를 지원하지 않는다.

MDN 지리적 위치 추적 명세에 포함되지 않은 위치 기반 기능을 사용하고 싶다면 별도로 직접 이식(port)해야 한다.

6.1.6 날씨 앱 업데이트하기

위치 지켜보기 API를 사용하는 SmarterWeather 앱은 날씨 앱의 업데이트 버전이다. 차이점을 그림 6-4에서 확인할 수 있다.

그림 6-4 사용자의 위치를 기반으로 일기예보 보여주기

눈에 띄는 차이점은 눌렀을 때 사용자의 현재 위치를 가져오는 <Location
Button> 컴포넌트가 추가된 것이다. 예제 6-3은 <LocationButton>의 코드
에 해당한다.

예제 6-3 smarter-weather/LocationButton/index.js: 버튼을 눌렀을 때 사용자의 위치 가져오기

```
import React, { Component } from "react";

import Button from "./../Button";
import styles from "./style.js";

const style = { backgroundColor: "#DDDDDD" };

class LocationButton extends Component {
    _onPress() {
        navigator.geolocation.getCurrentPosition(
            initialPosition => {
                this.props.onGetCoords(
                    initialPosition.coords.latitude,
                    initialPosition.coords.longitude
                );
            },
            error => {
                alert(error.message);
            },
            { enableHighAccuracy: true, timeout: 20000, maximumAge: 1000 }
        );
    }

    render() {
        return (
            <Button
                label="Use Current Location"
                style={style}
                onPress={this._onPress.bind(this)}
            />
        );
    }
}

export default LocationButton;
```

<LocationButton>에서 사용하는 <Button> 컴포넌트는 이 장 마지막 부
분에 수록되어 있다. 단순히 <TouchableHighlight> 안에 <Text>를 넣고
기본적인 스타일을 적용했을 뿐이다.

weather_project.js에서는 두 가지 방법으로 일기예보를 조회하도록
변경하자(예제 6-4). 마침 OpenWeatherMap API는 zip 코드뿐만 아니
라 위도와 경도로도 조회할 수 있다.

예제 6-4 _getForecastForCoords와 _getForecastForZip 함수 추가

```
const WEATHER_API_KEY = 'bbeb34ebf60ad50f7893e7440a1e2b0b';
const API_STEM = 'http://api.openweathermap.org/data/2.5/weather?';

...

_getForecastForZip: function(zip) {
    this._getForecast(
        `${API_STEM}q=${zip}&units=imperial&APPID=${WEATHER_API_KEY}`);
},

_getForecastForCoords: function(lat, lon) {
    this._getForecast(
        `${API_STEM}lat=${lat}&lon=${lon}&units=imperial&APPID=${WEATHER_API_KEY}`);
},

_getForecast: function(url, cb) {
    fetch(url)
        .then((response) => response.json())
        .then((responseJSON) => {
            console.log(responseJSON);
            this.setState({
                forecast: {
                    main: responseJSON.weather[0].main,
                    description: responseJSON.weather[0].description,
                    temp: responseJSON.main.temp
                }
            });
        })
        .catch((error) => {
            console.warn(error);
        });
}
```

_getForecastForCoords 함수가 콜백으로 지정된 <LocationButton>을
메인 뷰에 포함시키면 된다.

```
<LocationButton onGetCoords={this._getForecastForCoords}/>
```

관련된 스타일의 수정은 생략하겠다. 수정된 전체 코드는 이 장의 마지

막 부분에 수록되어 있다.

사용자에게 제공할 만한 수준의 앱이 되려면 더 많은 부분을 수정해야 한다. 예를 들어 좀 더 짜임새 있는 앱이 되려면 문제 발생 시 적절한 에러 메시지와 추가적인 UI 피드백을 사용자에게 제공해야 할 것이다. 어쨌든 사용자 위치를 가져오는 방법 자체는 정말 간단하다.

6.2 사용자의 사진과 카메라 접근하기

> ✓ **네이티브 코드 작성이 필요한 프로젝트**
>
> 이번 절의 예제는 react-native-init으로 생성했거나 create-react-native-app으로 생성 후 eject한 경우에만 동작한다. 자세한 사항은 부록 C 를 살펴보길 바란다.

스마트폰에 들어 있는 사진이나 카메라에 접근하는 것은 대부분의 앱에서 필요로 하는 주요 기능이다. 이번 절에서는 사용자의 사진과 카메라를 다루는 방법에 대해 살펴보자.

SmarterWeather 프로젝트를 수정해 보겠다. 우선 배경 이미지를 사용자의 사진으로 변경하자.

6.2.1 카메라롤 모듈 다루기

리액트 네이티브는 스마트폰에서 카메라로 찍은 사진이 저장되는 카메라롤(CameraRoll) 인터페이스를 제공한다.

카메라롤을 다루는 방법은 복잡하지 않고 아주 기본적인 형태를 갖고 있다. 다른 모듈과 마찬가지로 먼저 카메라롤 모듈을 불러오자.[3]

---

3 (옮긴이) iOS의 경우 CameraRoll을 이용하여 사용자의 사진에 접근하기 위해서는 RCTCameraRoll 라이브러리를 먼저 프로젝트에 연결(link)해야 한다. XCode에서 프로젝트 폴더의 node_modules/react-native/Libraries/CameraRoll/RCTCameraRoll.xcodeproj를 Project Navigator 의 Library에 추가하고 프로젝트 타깃의 Build Phase 탭의 Link Binary With Libraries에 libRCTCameraRoll.a를 추가하자. 또한 iOS 10 이상일 경우 Info.plist에 NSPhotoLibraryUsageD escription(Xcode상에서는 Privacy - Photo Library Usage Description)을 추가해야 한다.

```
import { CameraRoll } from "react-native";
```

그리고 나서 예제 6-5처럼 모듈을 사용하여 사용자의 사진 정보를 가져
오자.

예제 6-5 CameraRoll.getPhotos의 기본 사용법

```
CameraRoll.getPhotos(
    {first: 1},
    (data) => {
        console.log(data);
    },
    (error) => {
        console.warn(error);
    });
```

적절한 조회 조건으로 getPhotos를 호출하면 카메라롤 사진에 대한 정
보를 얻을 수 있다.

SmarterWeather에서 최상위에 있는 <Image> 컴포넌트를 새로운
컴포넌트인 <PhotoBackdrop>으로 대체한다(예제 6-6). 이제 <Photo
Backdrop>은 카메라롤에 있는 가장 최신의 사진을 가져올 것이다.

예제 6-6 smarter-weather/PhotoBackdrop/index.js

```
import React, { Component } from "react";

import { Image, CameraRoll } from "react-native";

import styles from "./style";

class PhotoBackdrop extends Component {
    constructor(props) {
        super(props);
        this.state = { photoSource: null };
    }

    componentDidMount() {
        CameraRoll.getPhotos({ first: 1 }).then(data => {
            this.setState({ photoSource: { uri: data.edges[0].node.image.uri } });
        }, error => {
            console.warn(error);
        });
    }
```

```
    render() {
        return (
            <Image
                style={styles.backdrop}
                source={this.state.photoSource}
                resizeMode="cover"
            >
                {this.props.children}
            </Image>
        );
    }
}
```

```
export default PhotoBackdrop;
```

CameraRoll.getPhotos는 옵션 객체를 매개변수로 받는다. 또한 Promise
를 리턴하기 때문에 then으로 성공 콜백, catch로 에러 콜백을 지정할 수
있다.

6.2.2 getPhotoParams를 이용한 사진 요청

getPhotoParams에는 다양한 옵션이 있다. 어떤 옵션들을 사용할 수 있
는지는 리액트 네이티브 소스 코드를 살펴보면 알 수 있다.

first

Number 타입. 가져오려는 사진 개수로, 사진 앱의 역순으로 가져온
다(즉, SavedPhotos[4]의 가장 최근 사진).

after

String 타입, 이전에 getPhotos 호출 시 콜백의 파라미터로 전달받은
객체의 page_info.end_cursor를 넣으면 그 이후의 사진을 가져오게
된다.

groupTypes

String 타입, 결과에 포함시킬 그룹의 종류에 해당하며 Album, All,

---

4   (옮긴이) SavedPhotos는 groupTpyes에 지정 가능한 속성값 중 하나로 카메라롤에 저장된 전체 사
    진을 의미한다.

Event 등을 지정할 수 있다. 사용할 수 있는 groupTypes의 종류는 소스 코드에 명시되어 있다.

groupName

String 타입, 결과에 포함시킬 특정 그룹의 이름에 해당하며 Recent Photos나 앨범 이름으로 지정할 수 있다.

assetType

에셋 종류에 해당하며 All, Photos 혹은 Videos로 지정할 수 있다.

mimeTypes

String 타입의 배열, mimetype을 지정하여 해당하는 사진만 가져올 수 있다(예를 들어 images/jpeg).

예제 6-5에서는 getPhotos를 호출할 때 사용한 getPhotoParams 객체는 매우 단순하다.

```
{first: 1}
```

가장 최근의 사진을 가져오도록 지정한 것인데 정말 간단하지 않은가?

6.2.3 카메라롤의 이미지 렌더링하기

카메라롤의 이미지를 어떻게 화면에 렌더링할 수 있을까? 성공 콜백을 살펴보자.

```
(data) => {
    this.setState({
        photoSource: {uri: data.edges[0].node.image.uri}
    })},
```

data 객체의 구조가 한눈에 들어오지는 않기 때문에 디버거를 이용하여 객체를 살펴보자. data.edges의 각 객체는 사진을 의미하는 node 속성을 가지고 있다. 이 속성을 통해 실제 에셋에 접근하는 URI(Uniform Resource Identifier, 통합 자원 식별자)를 얻을 수 있다.

　　<Image> 컴포넌트의 source 속성에 URI를 지정할 수 있던 것을 기억할 것이다.[5] 필요한 이미지의 URI를 source 속성에 지정하여 원하는 이미지를 렌더링할 수 있다.

```
<Image source={this.state.photoSource} />
```

다했다. 결과를 앱에서 확인해보자. 그림 6-5처럼 이미지가 보일 것이다.

그림 6-5 카메라롤의 이미지를 렌더링하기

5　(옮긴이) 리액트 네이티브 0.50 버전부터 <Image> 컴포넌트는 자식 컴포넌트를 가질 수 없기 때문에 컨테이너로 사용할 수 없다. 배경 이미지를 지정할 목적이라면 <Image> 대신에 <ImageBackground>를 사용하길 권한다.

6.2.4 사진을 서버에 올리기

사진을 다른 곳에 올리고 싶은가? 리액트 네이티브에서는 XHR 모듈에 이미지 올리기 기능이 내장되어 있다. 기본 사용법은 다음과 같다.

```
let formdata = new FormData();
...
formdata.append('image', {...this.state.randomPhoto, name: 'image.jpg'});
...
xhr.send(formdata);
```

XHR은 XMLHttpRequest의 줄임말이다. 리액트 네이티브의 XHR API 는 iOS 환경에서는 iOS의 네트워킹 API를 이용하여 구현되어 있다. 위치 서비스와 마찬가지로 리액트 네이티브의 XHR도 MDN 명세서[6]를 따르도록 구현되어 있다.

네트워크 요청을 위한 XHR은 Fetch API와 비교하면 좀 더 복잡하지만 기본적인 방법은 예제 6-7과 같은 구조이다.

예제 6-7 XHR을 이용하여 사진을 POST로 요청하는 기본 구조

```
let xhr = new XMLHttpRequest();
xhr.open('POST', 'http://posttestserver.com/post.php');
let formdata = new FormData();
formdata.append('image', {...this.state.photo, name: 'image.jpg'});
xhr.send(formdata);
```

여기에서는 XHR 요청에 등록할 수 있는 다양한 콜백에 대한 설명은 생략한다.

6.3 AsyncStore를 이용한 영속적 데이터 저장하기

대부분의 앱은 다양한 데이터를 영속적으로 유지할 필요가 있다.[7] 리액트 네이티브에서는 이렇게 이를 구현할 수 있을까?

---

6 *https://developer.mozilla.org/en-US/docs/Web/API/XMLHttpRequest*
7 (옮긴이) 모바일 앱에서의 영속적인 데이터 저장이란 앱을 완전히 종료 후 다시 켰거나 앱을 새로운 버전으로 업데이트한 이후에도 전에 앱에서 저장했던 내용이 유지가 되는 데이터 저장 방법을 말한다.

리액트 네이티브에서 제공하는 AsyncStorage는 키-값(key-value) 형태로 데이터를 저장하며 이는 앱 내에서 어디서나 접근 가능하다. 웹에서 LocalStorage를 사용한 적 있다면 AsyncStorage가 비슷하다고 느껴질 것이다. 플랫폼별로 내부적인 구현이 다르지만 자바스크립트 API가 같기 때문에 안드로이드나 iOS에 상관없이 같은 코드로 사용 가능하다.

자, 그럼 리액트 네이티브의 AsyncStorage 모듈을 들여다보자.

AsyncStorage에 저장할 때 사용하는 키는 모든 문자열을 포함할 수 있다. @앱이름:키 형태로 지정하는 것이 일반적이다.

```
const STORAGE_KEY = '@SmarterWeather:zip';
```

AsyncStorage 모듈의 getItem과 setItem 함수는 promise 객체를 리턴한다. componentDidMount에서 저장된 zip 코드를 불러오도록 Smarter Weather 앱을 수정하자.

```
AsyncStorage.getItem(STORAGE_KEY)
  .then((value) => {
    if (value !== null) {
      this._getForecastForZip(value);
    }
  })
  .catch((error) => console.log('AsyncStorage error: ' + error.message))
  .done();
```

또한 _getForecaseForZip에서 zip 코드를 저장하도록 수정하자.

```
AsyncStorage.setItem(STORAGE_KEY, zip)
  .then(() => console.log('Saved selection to disk: ' + zip))
  .catch((error) => console.log('AsyncStorage error: ' + error.message))
  .done();
```

그 외에도 AsyncStorage는 키를 삭제하거나, 키를 합치거나, 저장한 모든 키를 가져오는 함수를 제공한다.

6.4 SmarterWeather 앱

이 장의 모든 코드는 SmarterWeather/ 디렉터리에서 확인할 수 있다. 3장에서 만든 앱과 비교하면 상당히 많이 변했다. 전체 앱 구조를 다시 한번 살펴보자(예제 6-8).

예제 6-8 SmarterWeather 프로젝트의 디렉터리 및 파일 구조

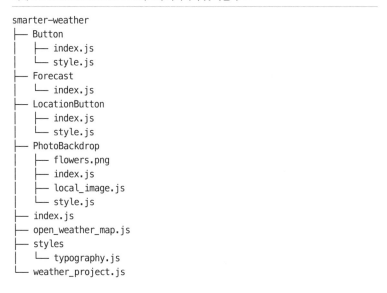

```
smarter-weather
├── Button
│   ├── index.js
│   └── style.js
├── Forecast
│   └── index.js
├── LocationButton
│   ├── index.js
│   └── style.js
├── PhotoBackdrop
│   ├── flowers.png
│   ├── index.js
│   ├── local_image.js
│   └── style.js
├── index.js
├── open_weather_map.js
├── styles
│   └── typography.js
└── weather_project.js
```

최상위 컴포넌트는 weather_project.js에 있다. 여러 컴포넌트에서 사용하는 공통 폰트 스타일은 styles/typography.js에 있다. 새롭게 만들 SmarterWeather 앱에서 사용하는 컴포넌트별로 각각 Forecast/, PhotoBackdrop/, Button/ 그리고 LocationButton/ 디렉터리 안에 있다.

6.4.1 <WeatherProject> 컴포넌트

최상위 컴포넌트인 <WeatherProject>는 weather_project.js에 정의되어 있다. 여기에는 AsyncStorage를 이용하여 가장 최근의 위치를 저장하는 코드도 포함되어 있다.

예제 6-9 smarter-weather/weather_project.js

```
import React, { Component } from "react";
import {
    StyleSheet,
    Text,
    View,
    TextInput,
    AsyncStorage,
    Image
} from "react-native";

import Forecast from "./Forecast";
import LocationButton from "./LocationButton";
import textStyles from "./styles/typography.js";

const STORAGE_KEY = "@SmarterWeather:zip";

import OpenWeatherMap from "./open_weather_map";

// 이 버전은 로컬 에셋의 flowers.png를 보여준다
import PhotoBackdrop from "./PhotoBackdrop/local_image";";

// 이 버전은 카메라롤에서 특정 사진을 가져와서 보여준다
// import PhotoBackdrop from './PhotoBackdrop';

class WeatherProject extends Component {
    constructor(props) {
        super(props);
        this.state = { forecast: null };
    }

    componentDidMount() {
        AsyncStorage
            .getItem(STORAGE_KEY)
            .then(value => {
                if (value !== null) {
                    this._getForecastForZip(value);
                }
            })
            .catch(error => console.error("AsyncStorage error: " + error.message))
            .done();
    }

    _getForecastForZip = zip => {
        // zip 코드 저장
        AsyncStorage
            .setItem(STORAGE_KEY, zip)
            .then(() => console.log("Saved selection to disk: " + zip))
```

```
            .catch(error => console.error("AsyncStorage error: " + error.message))
            .done();

        OpenWeatherMap.fetchZipForecast(zip).then(forecast => {
            this.setState({ forecast: forecast });
        });
    };


    _getForecastForCoords = (lat, lon) => {
        OpenWeatherMap.fetchLatLonForecast(lat, lon).then(forecast => {
            this.setState({ forecast: forecast });
        });
    };


    _handleTextChange = event => {
        var zip = event.nativeEvent.text;
        this._getForecastForZip(zip);
    };


    render() {
        var content = null;
        if (this.state.forecast !== null) {
            content = (
                <View style={styles.row}>
                    <Forecast
                        main={this.state.forecast.main}
                        temp={this.state.forecast.temp}
                    />
                </View>
            );
        }


        return (
            <PhotoBackdrop>
                <View style={styles.overlay}>
                    <View style={styles.row}>
                        <Text style={textStyles.mainText}>
                            Forecast for
                        </Text>

                        <View style={styles.zipContainer}>
                            <TextInput
                                style={[textStyles.mainText, styles.zipCode]}
                                onSubmitEditing={this._handleTextChange}
                                underlineColorAndroid="transparent"
                            />
                        </View>
                    </View>
                </View>
```

```
                        <View style={styles.row}>
                            <LocationButton onGetCoords={this._getForecastForCoords} />
                        </View>

                        {content}

                    </View>
                </PhotoBackdrop>
            );
        }
    }

const styles = StyleSheet.create({
    overlay: { backgroundColor: "rgba(0,0,0,0.1)" },
    row: {
        flexDirection: "row",
        flexWrap: "nowrap",
        alignItems: "center",
        justifyContent: "center",
        padding: 24
    },
    zipContainer: {
        borderBottomColor: "#DDDDDD",
        borderBottomWidth: 1,
        marginLeft: 5,
        marginTop: 3,
        width: 80,
        height: textStyles.baseFontSize * 2,
        justifyContent: "flex-end"
    },
    zipCode: { flex: 1 }
});

export default WeatherProject;
```

여러 컴포넌트에서 공통적으로 사용하는 폰트 스타일은 styles/typography.js에 정의되어 있다(예제 6-10).

예제 6-10 smarter-weather/styles/typography.js에 정의된 공통 폰트 스타일

```
import { StyleSheet } from "react-native";

const baseFontSize = 24;

var styles = StyleSheet.create({
    bigText: { fontSize: baseFontSize + 8, color: "#FFFFFF" },
    mainText: { fontSize: baseFontSize, color: "#FFFFFF" }
```

```
});

// 다른 곳에서 사용하기 위해 지정
styles["baseFontSize"] = baseFontSize;

export default styles;
```

6.4.2 <Forecast> 컴포넌트

<Forecast> 컴포넌트는 온도를 포함한 일기예보를 화면에 표시한다.
<WeatherProject>에서 사용했던 컴포넌트이다. 예제 6-11는 <Forecast>
컴포넌트의 전체 코드이다.

예제 6-11 <Forecast> 컴포넌트는 일기 예보 정보를 렌더링한다

```
import React, { Component } from "react";

import { Text, View, StyleSheet } from "react-native";

class Forecast extends Component {
    render() {
        return (
            <View style={styles.forecast}>
                <Text style={{ color: "#FFFFFF", fontSize: 72 }}>
                    {this.props.temp}°F
                </Text>
                <Text style={{ color: "#FFFFFF", fontSize: 32 }}>
                    {this.props.main}
                </Text>
            </View>
        );
    }
}

const styles = StyleSheet.create({ forecast: { alignItems: "center" } });

export default Forecast;
```

6.4.3 <Button> 컴포넌트

<Button> 컴포넌트는 재사용할 수 있는 컨테이너 형태의 컴포넌트이
다. 이는 스타일이 적용된 <Text>를 <TouchableHighlight>로 감싸는 형
태이다. 예제 6-12는 이 컴포넌트의 메인 파일이다. 이와 관련된 스타일

은 예제 6-13에서 확인할 수 있다.

예제 6-12 Button 컴포넌트는 적절히 스타일이 적용된 <TouchableHighlight>이며 <Text>를
자식으로 포함하고 있다

```
import React, { Component } from "react";

import { Text, View, TouchableHighlight } from "react-native";

import styles from "./style";

class Button extends Component {
    render() {
        return (
            <TouchableHighlight onPress={this.props.onPress}>
                <View style={[styles.button, this.props.style]}>
                    <Text>
                        {this.props.label}
                    </Text>
                </View>
            </TouchableHighlight>
        );
    }
}

export default Button;
```

예제 6-13 <Button> 컴포넌트를 위한 스타일

```
import { StyleSheet } from "react-native";

const styles = StyleSheet.create({
    button: { backgroundColor: "#FFDDFF", padding: 25, borderRadius: 5 }
});

export default styles;
```

6.4.4 <LocationButton> 컴포넌트

<LocationButton> 버튼을 누르면 사용자의 현재 위치를 가져오고 콜백
이 실행된다. 이 컴포넌트의 메인 자바스크립트 파일은 예제 6-14에 해
당한다. 이를 위한 스타일은 예제 6-15에 나와있다.

예제 6-14 <LocationButton> 컴포넌트

```javascript
import React, { Component } from "react";

import Button from "./../Button";
import styles from "./style.js";

const style = { backgroundColor: "#DDDDDD" };

class LocationButton extends Component {
    _onPress() {
        navigator.geolocation.getCurrentPosition(
            initialPosition => {
                this.props.onGetCoords(
                    initialPosition.coords.latitude,
                    initialPosition.coords.longitude
                );
            },
            error => {
                alert(error.message);
            },
            { enableHighAccuracy: true, timeout: 20000, maximumAge: 1000 }
        );
    }

    render() {
        return (
            <Button
                label="Use Current Location"
                style={style}
                onPress={this._onPress.bind(this)}
            />
        );
    }
}

export default LocationButton;
```

예제 6-15 <LocationButton>에서 사용하는 스타일

```javascript
import { StyleSheet } from "react-native";

const styles = StyleSheet.create({
  locationButton: { width: 200, padding: 25, borderRadius: 5 }
});

export default styles;
```

6.4.5 <PhotoBackdrop> 컴포넌트

배경으로 사용할 이미지를 선택하는 방법에 따라 2가지 버전의 <Photo
Backdrop>이 있다. 첫 번째 버전은 깃허브 저장소의 local_image.js로
내용은 예제 6-16과 같다. 이 버전은 require 함수로 표준 에셋의 이미
지를 손쉽게 불러온다. 두 번째는 예제 6-17과 같이 카메라롤에서 이미
지를 선택하는 버전이다.[8]

예제 6-16 local_image.js는 초기 버전이다. require를 호출하여 불러온다.

```
import React, { Component } from "react";

import { Image } from "react-native";

import styles from "./style.js";

class PhotoBackdrop extends Component {
    render() {
        return (
            <Image
                style={styles.backdrop}
                source={require("./flowers.png")}
                resizeMode="cover"
            >
                {this.props.children}
            </Image>
        );
    }
}

export default PhotoBackdrop;
```

예제 6-17 smarter-weather/PhotoBackdrop/index.js

```
import React, { Component } from "react";

import { Image, CameraRoll } from "react-native";

import styles from "./style";

class PhotoBackdrop extends Component {
    constructor(props) {
```

---

8 (옮긴이) 리액트 네이티브 0.50 버전부터 자식 컴포넌트를 갖는 배경 이미지는 <Image> 대신
    <ImageBackground>를 사용해야 한다.

```
            super(props);
            this.state = { photoSource: null };
        }

        componentDidMount() {
            CameraRoll.getPhotos({ first: 1 }).then(data => {
                this.setState({ photoSource: { uri: data.edges[3].node.image.uri } });
            }, error => {
                console.warn(error);
            });
        }

        render() {
            return (
                <Image
                    style={styles.backdrop}
                    source={this.state.photoSource}
                    resizeMode="cover"
                >
                    {this.props.children}
                </Image>
            );
        }
    }

export default PhotoBackdrop;
```

두 버전 모두 예제 6-18에 해당하는 동일한 스타일시트를 사용한다.

예제 6-18 <PhotoBackdrop>의 두 버전 모두 다음 스타일시트를 사용한다

```
import { StyleSheet } from "react-native";

export default StyleSheet.create({
    backdrop: {
        flex: 1,
        flexDirection: "column",
        width: undefined,
        height: undefined
    },
    button: { flex: 1, margin: 100, alignItems: "center" ]
});
```

6.5 요약

이번 장에서는 날씨 앱을 수정해봤다. 위치 추적 기능, 카메라롤, Async Storage API를 살펴보았고 이러한 모듈을 앱에 어떻게 적용하는지 배웠다.

원하는 대상 플랫폼 API를 리액트 네이티브가 이미 지원한다면 간단히 바로 사용할 수 있다. 그런데 비디오 플레이백과 같이 리액트 네이티브가 아직 지원하지 않는 API를 자바스크립트상에서 사용하고자 할 때는 어떻게 할 것인가? 다음 장에서 이런 상황을 자세히 살펴보자.

7장

모듈과 네이티브 코드

> ✅ **네이티브 코드 작성이 필요한 프로젝트**
>
> 이번 절의 예제는 react-native-init으로 생성했거나 create-react-native-app으로 생성 후 eject한 경우에만 동작한다. 자세한 사항은 부록 C 를 살펴보길 바란다.

6장에서 대상 플랫폼의 기능을 사용할 수 있도록 리액트 네이티브가 제 공하는 API 중 일부를 살펴보았다. 이러한 API는 리액트 네이티브에 기 본으로 지원하고 있어서 사용하기가 아주 편리하다. 리액트 네이티브 가 지원하지 않는 API를 쓰고 싶을 때는 어떻게 해야 할까?

이 장에서는 리액트 네이티브 커뮤니티에 공개된 모듈을 npm을 이 용하여 설치하는 방법을 살펴보겠다. 그리고 react-native-video 모듈 하나를 자세히 파헤쳐보며 기존의 오브젝티브-C API를 실행시키는 자 바스크립트 인터페이스를 RCTBridgeModule을 이용하여 어떻게 추가하 는지 알아보겠다. 또한, 순수 자바스크립트 라이브러리를 프로젝트로 임포트하는 방법과 디펜던시를 관리하는 방법을 살펴보겠다.

이 장에서 오브젝티브-C와 자바 코드도 살펴볼 텐데 놀라지 말길 바 란다. 차근차근 살펴볼 예정이다. iOS와 안드로이드 네이티브 모바일 개발에 대한 전반적인 소개는 이 책의 범위를 벗어나지만 예제를 통해 살짝 들여다보자.

7.1 npm을 이용한 자바스크립트 라이브러리 설치

네이티브 모듈이 어떻게 동작하는지 알아보기 전에 외부 디펜던시를
설치하는 일반적인 방법에 대해 먼저 살펴보겠다. 리액트 네이티브
는 npm을 이용하여 디펜던시를 관리한다. npm은 node.js를 위한 패키
지 매니저지만 npm에는 node 프로젝트에서 사용하는 패키지뿐만 아
니라 node가 아닌 다른 자바스크립트 프로젝트를 위한 패키지도 포함
되어 있다. npm의 경우 디펜던시 목록과 같은 프로젝트의 메타데이터
(metadata)를 `package.json`에 저장한다.

새로운 프로젝트를 만들자.

```
react-native init Depends
```

새로 생성한 프로젝트의 `package.json` 파일 내용은 예제 7-1과 같다.

예제 7-1 Depends/package.json

```
{
  "name": "Depends",
  "version": "0.0.1",
  "private": true,
  "scripts": {
    "start": "node node_modules/react-native/local-cli/cli.js start",
    "test": "jest"
  },
  "dependencies": {
    "react": "16.0.0-alpha.12",
    "react-native": "0.45.1"
  },
  "devDependencies": {
    "babel-jest": "20.0.3",
    "babel-preset-react-native": "2.0.0",
    "jest": "20.0.4",
    "react-test-renderer": "16.0.0-alpha.12"
  },
  "jest": {
    "preset": "react-native"
  }
}
```

현재 최상위 디펜던시는 react와 react-native뿐이다. 다른 디펜던시를
추가해보자.

lodash는 배열을 섞는(shuffle) 함수 같은 유용한 함수들의 모음에 해당하는 라이브러리이다. 설치할 때 붙이는 --save 플래그는 디펜던시 목록에 추가한다는 의미이다.

```
npm install --save lodash
```

앞의 명령어로 설치하면 package.json의 dependencies가 다음과 같이 수정되어 있다.

```
"dependencies": {
    "lodash": "^4.17.4",
    "react": "16.0.0-alpha.12",
    "react-native": "0.45.1"
}
```

이제 리액트 네이티브 앱에서 lodash가 필요할 때 다음과 해당 패키지 이름으로 import하여 사용할 수 있다.

```
import _ from "lodash";
```

lodash를 이용해 임의의 숫자를 출력해보자.

```
import _ from "lodash";
console.warn("Random number: " + _.random(0, 5));
```

동작한다! 하지만 다른 모듈은 어떨까? 임의의 다른 패키지도 npm install을 이용하여 설치할 수 있을까?

가능하다. 단, 약간의 주의가 필요하다. 예를 들어 DOM을 다루는 함수는 리액트 네이티브에서 동작하지 않을 것이다. 대부분의 패키지는 각자 특정 환경[1]을 염두에 두고 만들어졌기 때문에 리액트 네이티브에서 사용하려면 약간의 편법이 필요할 수도 있다. 그래도 엔민한 자바스크립트 패키지는 리액트 네이티브에서 바로 사용할 수 있고 다른 자바스크립트와 동일하게 npm으로 디펜던시를 관리할 수 있다.

---

[1] (옮긴이) npm의 대부분이 node.js나 웹 환경에서 실행될 것을 염두에 두고 만들어졌다.

7.2 네이티브 코드를 사용하는 서드파티 컴포넌트 설치

외부 자바스크립트 라이브러리를 어떻게 추가하는지 살펴봤다. npm을
이용하여 리액트 네이티브 컴포넌트를 설치해보자. 이 섹션에서 사용
하는 예제는 react-native-video 컴포넌트를 사용한다. 이는 유용한 리
액트 네이티브 모듈이 많이 포함되어 있는 react-native-community[2] 깃
허브 프로젝트에 포함된 컴포넌트이다.

react-native-video 컴포넌트는 npm에 등록되어 있어서 npm
install 명령어로 설치할 수 있다.[3]

```
npm install react-native-video --save
```

전형적인 웹 개발이었다면 react-native-video를 앞의 명령어로 설치
후 프로젝트 내에서 바로 사용할 수 있다. 하지만 이 모듈은 사용하려면
iOS와 안드로이드 프로젝트 수정이 필요하기 때문에 한 가지 더 해야
할 일이 있다.

```
react-native link
```

react-naitve link는 뭘까? 이를 실행하면 iOS와 안드로이드 프로젝트
파일이 수정된다. iOS의 경우 AppDelegate.m과 Xcode 프로젝트 파일이
수정될 것이고 안드로이드의 경우 MainApplication.java과 settings.
gradle, build.gradle이 변경될 것이다. 대개 모듈의 설치 방법 문서에
이러한 필수 수정사항이 설명되어 있다.

react-native link는 react-native init으로 생성했거나 create-react-
native-app으로 생성 후 eject한 프로젝트에서만 동작한다. create-
react-native-app으로 생성한 프로젝트를 전형적인 리액트 네이티브 프
로젝트로 전환하는 방법은 부록 C.1절 'Expo에서 eject하기'를 참고한다.

자동으로 생성된 앱이 아니라면 모듈 제작자가 설명하고 있는 설치

---

2 *https://github.com/react-native-community*
3 *https://www.npmjs.com/package/react-native-video*

방법에 따라 프로젝트를 수동으로 수정해야 한다.

react-native-video를 설치했다. 이제 테스트해보자. MP4 비디오 파일이 하나 필요하다. 여기에서는 플리커(Flick)에 공개되어 있는 비디오[4]를 사용했다.

리액트 네이티브에서는 MP4 파일도 이미지처럼 다음과 같이 불러올 수 있다.

```
let warblerVideo = require("./warbler.mp4");
```

7.2.1 Video 컴포넌트 사용하기

다음 자바스크립트 코드로 <Video> 컴포넌트를 불러오자.

```
import Video from "react-native-video"
```

그다음 컴포넌트를 사용하는 코드를 작성한다. 다음 코드에서는 옵션에 해당하는 props를 몇 가지 지정했다.

```
<Video source={require("./warbler.mp4")}   // URL이나 local 파일을 지정할 수 있다
    rate={1.0}                             // 0은 일시정지, 1은 정상 속도
    volume={1.0}                           // 0은 음소거, 1은 정상 음량
    muted={false}                          // 오디오를 완전히 음소거
    paused={false}                         // 비디오를 완전히 일시 정지
    resizeMode="cover"                     // 화면 비율을 유지한 채로 화면 가득 채움
    repeat={true}                          // 무한 반복
    style={styles.backgroundVideo} />
```

짜잔! 비디오 컴포넌트를 동작하게 만들었다. iOS와 안드로이드에서 모두 작동할 것이다.

보시다시피 네이티브 코드를 사용하는 서드파티 모듈을 설정하는 방법은 매우 간단하다. 여기서 사용한 컴포넌트 외에도 리액트 네이티브를 위한 많은 컴포넌트들이 npm에 등록되어 있다. 대부분 이름이 react-native-로 시작하는 프로젝트이다. 어떤 컴포넌트들이 있는지 한번 둘러보자.

4　*https://www.flickr.com/photos/michal_tuski/27831372885*

7.3 오브젝티브-C 네이티브 모듈

네이티브 코드를 포함하는 모듈을 어떻게 설치하고 사용하는지 살펴봤으니 이번에는 이러한 모듈이 내부적으로 어떻게 동작하는지 살펴보자. 우선 오브젝티브-C 관련 코드부터 들여다보자.

7.3.1 iOS를 위한 오브젝티브-C 네이티브 모듈 만들기

앞서 사용해본 react-native-video 모듈이 내부적으로 어떻게 동작하는지 살펴보자.

react-native-video 컴포넌트는 네이티브 모듈[5]로 분류된다. 리액트 네이티브 문서에 네이티브 모듈은 'RCTBridgeModule 프로토콜을 따르는 오브젝티브-C 클래스'라고 정의되어 있다(RCT는 ReaCT의 줄임말).

리액트 네이티브로 개발할 때 오브젝티브-C 코드 작성이 반드시 필요한 것은 아니다. 그러니 너무 걱정하지 말자. 비록 네이티브 모듈을 개발할 계획이 (아직) 없다 하더라도 코드를 읽고 이해할 수 있다면 여러모로 도움이 된다.

오브젝티브-C에 대한 경험이 없다면 낯선 문법으로 인해 혼란스러울 수 있다. 그렇다 하더라도 걱정할 필요는 없다! 'Hello World' 모듈을 만드는 것부터 차근차근 시작해보자.

오브젝티브-C 클래스는 자신의 인터페이스 정보가 있는 .h 헤더 파일을 갖고 있다. 실제 구현은 .m 파일에 존재한다. 예제 7-2와 같은 HelloWorld.h 파일을 작성하자.

예제 7-2 HelloWorld.h

```
#import <React/RCTBridgeModule.h>

@interface HelloWorld : NSObject <RCTBridgeModule>
@end
```

---

5 *https://facebook.github.io/react-native/docs/native-modules-ios.html*

이 파일은 어떤 일을 할까? 첫째 줄에서 RCTBridgeModule 헤더를 불러온다. (# 기호는 주석을 의미하는 기호가 아니라 import 구문을 뜻한다.) 그 다음 줄은 NSObject의 서브클래스(subclass)이면서 RCTBridgeModule 프로토콜을 따르는 HelloWorld 클래스를 선언하는 코드이다. 마지막 @end 로 인터페이스 정의를 마친다.

역사적인 이유로 오브젝티브-C의 많은 기본 타입은 NS라는 접두사를 갖는다(NSString, NSObject 등).

구현부를 살펴보자(예제 7-3).

예제 7-3 HelloWorld.m

```
#import "HelloWorld.h"
#import <React/RCTLog.h>

@implementation HelloWorld

RCT_EXPORT_MODULE();

RCT_EXPORT_METHOD(greeting:(NSString *)name)
{
  RCTLogInfo(@"Saluton, %@", name);
}

@end
```

.m 파일의 첫 번째 줄에서 클래스 자신의 .h 파일을 불러왔다. 그 다음 콘솔에 로그를 남기는 RCTLogInfo를 사용하기 위해 RCTLog.h 파일을 불러왔다. 오브젝티브-C에서 다른 클래스를 불러올 때 대부분 .m 파일이 아닌 헤더 파일을 불러와야 한다.

@implementation과 @end 줄은 그 사이에 HelloWorld 클래스를 구현한 코드가 들어있음을 가리킨다.

나머지는 리액트 네이티브 모듈을 동작하도록 만들기 위해 필요한 코드이다. 특별한 매크로 RCT_EXPORT_MODULE()는 이 클래스를 리액트 네이티브 브리지에서 접근할 수 있도록 해준다. 이와 비슷하게 greeting:name 함수 정의도 RCT_EXPORT_METHOD 매크로로 시작한다. 이

렇게 하면 자바스크립트 코드에서 해당 함수를 호출할 수 있게 된다.[6]

오브젝티브-C 함수 문법은 조금 특이하다. 각 파라미터 이름이 함수 이름에 포함되어 있다. 자바스크립트에서 호출하게 되는 함수 이름은 오브젝티브-C 함수 이름에서 첫 번째 콜론이 나오기 전까지의 이름이다. 따라서 greeting:name은 자바스크립트에서 greeting이 된다. 이러한 이름 규칙을 바꾸고자 한다면 RCT_ REMAP_METHOD를 사용하여 변경할 수 있다.

앞서 작성한 파일은 아직 Xcode에 추가되지 않은 상태이다(그림 7-1).

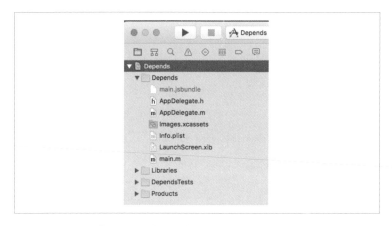

그림 7-1 새로운 파일을 추가하기 전의 Xcode 프로젝트 모습

앱 빌드에 포함되도록 Xcode 프로젝트에 추가해야 한다. Xcode의 File 메뉴에서 'Add Files to "Depends"'를 눌러 추가해보자(그림 7-2).

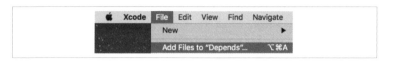

그림 7-2 Xcode의 파일 추가 메뉴 옵션

---

6 (옮긴이) 다시 말해 RCT_EXPORT_MODULE는 네이티브 모듈을, RCT_EXPORT_METHOD는 네이티브 모듈의 함수를 자바스크립트에서 접근 가능하도록 내보내는 매크로이다.

HelloWorld.m과 HelloWorld.h를 선택하여 프로젝트에 추가하자(그림 7-3).

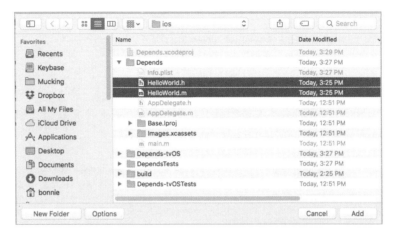

그림 7-3 HelloWorld.m와 HelloWorld.h를 프로젝트에 추가하기

이제 Xcode 프로젝트에서 두 파일이 보일 것이다(그림 7-4).

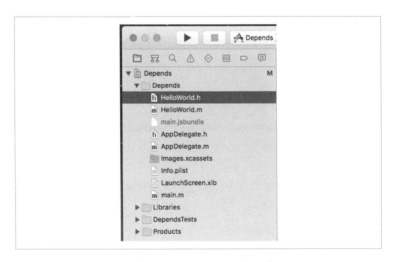

그림 7-4 별견된 Xcode의 프로젝트 트리

HelloWorld 파일을 추가했으니 자바스크립트 코드에서 HelloWorld 모듈을 사용할 수 있다(예제 7-4).[7]

예제 7-4 자바스크립트 코드에서 HelloWorld 모듈 사용하기

```
import { NativeModules } from "react-native";
NativeModules.HelloWorld.greeting("Bonnie");
```

Xcode와 크롬 개발자 도구를 활성화했다면 양쪽 콘솔에 모두 실행 결과가 표시될 것이다(그림 7-5).

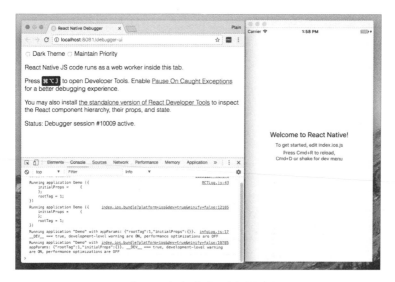

그림 7-5 Xcode의 콘솔에 표시된 실행 결과

예제 7-4에서 네이티브 모듈을 불러오는 코드는 간결하지 못한 감이 있다. 그렇다 보니 네이티브 모듈을 자바스크립트 모듈로 감싸서 사용하는 것이 일반적이다(예제 7-5).

예제 7-5 HelloWorld.js는 HelloWorld 네이티브 모듈의 자바스크립트 래퍼(wrapper)이다

```
import { NativeModules } from "react-native";
export default NativeModules.HelloWorld;
```

---

7 (옮긴이) 네이티브 코드나 프로젝트 설정을 변경한 다음에는 반드시 빌드를 다시 해야 정상작동한다.

그러고 나면 다음과 같이 훨씬 간결하게 불러올 수 있다.

```
import HelloWorld from "./HelloWorld";
```

이 방식에는 좋은 점이 하나 더 있다. 자바스크립만으로 처리 가능한 기능이라면 뭐든지 손쉽게 모듈에 추가할 수가 있다.

여전히 오브젝티브-C는 너무 복잡하다고 느껴질 수 있다. 몇 개의 다른 파일들도 살펴보자. 복잡한 것 같아도 이미 'Hello, World' 오브젝티브-C 모듈을 만들지 않았는가? 축하한다!

지금까지의 내용을 정리해보면 오브젝티브-C 모듈을 리액트 네이티브에서 사용하기 위해서는 반드시 다음 절차를 따라야 한다.

- RCTBridgeModule 헤더 불러오기
- RCTBridgeModule 인터페이스를 따르도록 정의하기
- RCT_EXPORT_MODULE 매크로 실행하기
- RCT_EXPORT_METHOD 매크로를 이용하여 하나 이상의 함수를 익스포트하기

네이티브 모듈을 통하면 iOS SDK가 제공하는 어떤 API도 리액트 네이티브에서 사용할 수 있다(리액트 네이티브로 제공하는 API는 반드시 비동기여야 함을 기억하자). 애플의 공식 iOS SDK 관련 문서는 매우 훌륭하다. 그 외에도 서드파티에서 만든 다양한 참고자료를 쉽게 찾아볼 수 있다. 개발자 계정이 없으면 SDK 공식문서에 접근하는 게 쉽지 않다 보니 개발자 계정을 등록해두면 편리하다.

지금까지 'Hello, World'라는 기본적인 모듈을 작성해봤으니 이번에는 react-native-video가 어떻게 구현되어 있는지 자세히 살펴보자.

7.3.2 react-native-video의 iOS 버전 탐험하기

HelloWorld 모듈과 동일히게 RCTVideo도 RCTBridgeModule 프로토콜을 따르도록 구현된 네이티브 모듈이다. RCTVideo의 전체 코드는 react-native-video 깃허브 저장소에서 확인할 수 있다.[8] 여기서는 1.0.0 버전의 코드를 살펴보겠다.

react-native-video iOS 버전은 iOS SDK에서 제공하는 AVPlayer API의 래퍼(wrapper)에 해당한다. 이 모듈의 자바스크립트 메인 파일에 해당하는 Video.ios.js를 살펴보면서 이 코드들이 어떻게 동작하는지 자세히 알아보자.

이는 props 표준화(normalization)와 추가적인 렌더링 로직을 수행하는 간단한 래퍼로 RCTVideo 네이티브 컴포넌트를 감싸고 있다. 네이티브 컴포넌트를 불러오는 코드는 파일 하단에 있다.

```
const RCTVideo = requireNativeComponent('RCTVideo', Video, {
    nativeOnly: {
        src: true,
        seek: true,
        fullscreen: true,
    },
});
```

HelloWorld 예제에서와 같이 RCTVideo 컴포넌트도 오브젝티브-C에서 익스포트해야 한다. ios/RCTVideo.h 파일을 살펴보자.

```
// RCTVideo.h
#import <React/RCTView.h>
#import <AVFoundation/AVFoundation.h>
#import "AVKit/AVKit.h"
#import "UIView+FindUIViewController.h"
#import "RCTVideoPlayerViewController.h"
#import "RCTVideoPlayerViewControllerDelegate.h"

@class RCTEventDispatcher;

@interface RCTVideo : UIView <RCTVideoPlayerViewControllerDelegate>

@property (nonatomic, copy) RCTBubblingEventBlock onVideoLoadStart;
// ...
// ...기타 다른 속성들이 여기에 나열된다...
// ...
```

---

8 *https://github.com/react-native-community/react-native-video*

```
- (instancetype)initWithEventDispatcher:
    (RCTEventDispatcher *)eventDispatcher NS_DESIGNATED_INITIALIZER;

- (AVPlayerViewController*)createPlayerViewController:
      (AVPlayer*)player withPlayerItem:(AVPlayerItem*)playerItem;

@end
```

이번에는 NSObject의 서브클래스가 아닌 UIView의 서브클래스로 RCT Video를 정의했다. 왜냐하면 이 모듈은 뷰 컴포넌트를 화면에 렌더링해야 하기 때문이다.

구현체인 RCTVideo.m[9] 파일에는 많은 내용이 담겨있다. 파일 위쪽에는 볼륨이나 재생 속도 그리고 AVPlayer 자신을 관리하기 위한 변수들이 정의되어 있다.

```
- (AVPlayerViewController*)
    createPlayerViewController: (AVPlayer*)player
    withPlayerItem:(AVPlayerItem*)playerItem
  {
    RCTVideoPlayerViewController* playerLayer =
      [[RCTVideoPlayerViewController alloc] init];
    playerLayer.showsPlaybackControls = NO;
    playerLayer.rctDelegate = self;
    playerLayer.view.frame = self.bounds;
    playerLayer.player = _player;
    playerLayer.view.frame = self.bounds;
    return playerLayer;
  }
```

여기에 비디오를 불러와서 소스(source)로 지정하거나, 비디오 재생 시간을 계산하는 일 등을 하는 많은 함수가 포함되어 있다. 이러한 함수들이 어떤 역할을 하는지 둘러봐도 좋다.

RCTVideoManager 클래스를 좀 더 파헤쳐보자. UI 컴포넌트를 만들기 위해서는 단순 모듈과는 달리 뷰 매니저가 필요하다. 렌더링 로직과 같은 일들을 뷰가 다루는 동안 뷰 매니저는 그 이름에서 알 수 있듯이, (이벤트 핸들링, 속성 익스포트 등) 뷰와 관련된 다른 일들을 관리한다. 최

---

9 *https://github.com/react-native-community/react-native-video/blob/1.0.0/ios/RCTVideo.m*

소한 뷰 매니저는 다음 사항에 맞게 구현되어야 한다.

- RCTViewManager 서브클래스
- RCT_EXPORT_MODULE() 매크로 사용
- -(UIView *)view 함수 구현

view 함수는 반드시 UIView 인스턴스(instance)를 리턴해야 한다. 여기
서는 RCTVideo의 인스턴스를 생성해서 리턴하고 있다.

```
- (UIView *)view
{
    return [[RCTVideo alloc]
        initWithEventDispatcher:self.bridge.eventDispatcher];
}
```

RCTVideoManager 또한 많은 속성과 상수를 익스포트한다.

```
#import "RCTVideoManager.h"
#import "RCTVideo.h"
#import <React/RCTBridge.h>
#import <AVFoundation/AVFoundation.h>

@implementation RCTVideoManager

RCT_EXPORT_MODULE();

@synthesize bridge = _bridge;

- (UIView *)view
{
    return [[RCTVideo alloc]
        initWithEventDispatcher:self.bridge.eventDispatcher];
}

- (dispatch_queue_t)methodQueue
{
        return dispatch_get_main_queue();
}

RCT_EXPORT_VIEW_PROPERTY(src, NSDictionary);
RCT_EXPORT_VIEW_PROPERTY(resizeMode, NSString);
RCT_EXPORT_VIEW_PROPERTY(repeat, BOOL);
RCT_EXPORT_VIEW_PROPERTY(paused, BOOL);
RCT_EXPORT_VIEW_PROPERTY(muted, BOOL);
```

```
RCT_EXPORT_VIEW_PROPERTY(controls, BOOL);
RCT_EXPORT_VIEW_PROPERTY(volume, float);
RCT_EXPORT_VIEW_PROPERTY(playInBackground, BOOL);
RCT_EXPORT_VIEW_PROPERTY(playWhenInactive, BOOL);
RCT_EXPORT_VIEW_PROPERTY(rate, float);
/* ...더 많은 RCT_EXPORT_VIEW_PROPERTY 호출은 생략... */

- (NSDictionary *)constantsToExport
{
    return @{
        @"ScaleNone": AVLayerVideoGravityResizeAspect,
        @"ScaleToFill": AVLayerVideoGravityResize,
        @"ScaleAspectFit": AVLayerVideoGravityResizeAspect,
        @"ScaleAspectFill": AVLayerVideoGravityResizeAspectFill
    };
}

@end
```

리액트 네이티브에서 손쉽게 사용할 수 있는 RCTVideo 네이티브 UI 컴
포넌트는 RCTVideo와 RCTVideoManager로 구성되어 있다. iOS SDK를 사
용하게 해주는 네이티브 모듈을 만드는 과정이 매우 힘들지는 않아도
어느 정도의 수고가 드는 건 사실이다. iOS 개발 경험이 있다면 훨씬 수
월할 것이다. iOS 개발에 대한 자세한 설명은 이 책의 범위를 벗어나기
때문에 여기서 다루고 있지 않지만, 다른 네이티브 모듈을 살펴보길 추
천한다. 비록 오브젝티브-C 경험이 없더라도 다른 모듈을 살펴보면서
네이티브 모듈 개발을 시작해볼 수 있다.

7.4 자바 네이티브 모듈

안드로이드용 네이티브 모듈은 iOS용 네이티브 모듈과 비슷하게 동작
한다. 안드로이드 네이티브 모듈에 대한 더 자세한 사항은 리액트 네이
티브 문서[10]에서 확인할 수 있다.

iOS에서와 마찬가지로, 네이티브 코드가 포함된 안드로이드용 모듈을
설치했다면 pacakge.json에 추기 후 react-native link를 실행해야 한다.

---

10 *https://facebook.github.io/react-native/docs/native-modules-android.html*

7.4.1 안드로이드를 위한 자바 네이티브 모듈 만들기

자바 네이티브 모듈이 어떻게 동작하는지 이해하는 최고의 방법은 직접 만들어보는 것이다. 오브젝티브-C로 만들 때처럼 간단한 'Hello, World' 모듈부터 만들어보자.

먼저 HelloWorld 패키지를 위한 폴더를 생성하자. MainActivity.java가 있는 폴더에 만들어야 한다. 안드로이드 프로젝트는 꽤 깊은 디렉터리 구조를 가지고 있다. 안드로이드 버전이나 리액트 네이티브 버전에 따라 디렉터리 구조가 다를 수 있다. 여기서 핵심은 MainActivity.java가 있는 디렉터리에 새로운 디렉터리를 생성해야 한다는 점이다.

```
mkdir android/app/src/main/java/com/depends/helloworld
```

예제 7-6과 같이 생성한 디렉터리에 HelloWorldModule.java 파일을 추가하자.

예제 7-6 helloworld/HelloWorldModule.java

```java
package com.depends.helloworld;

import android.util.Log;
import com.facebook.react.bridge.ReactContextBaseJavaModule;
import com.facebook.react.bridge.ReactApplicationContext;
import com.facebook.react.bridge.ReactMethod;

public class HelloWorldModule extends ReactContextBaseJavaModule {
    public HelloWorldModule(ReactApplicationContext reactContext) {
        super(reactContext);
    }

    @Override
    public String getName() {
        return "HelloWorld";
    }

    @ReactMethod
    public void greeting(String message) {
        Log.e("HelloWorld", "Saluton, " + message);
        return;
    }
}
```

보일러플레이트(boilerplate)[11]가 꽤 길다. 하나하나 살펴보자.

첫 줄은 패키지 선언이다.

```
package com.depends.helloworld;
```

이 코드는 파일이 있는 디렉토리 위치에 따라 달라진다.

그다음은 리액트 네이티브용 파일과 android.util.Log를 임포트하는 코드이다. 여러분이 안드로이드 모듈을 만들 때는 이와 같은 네이티브 파일을 임포트해야 한다.

이제 HelloWorldModule 클래스를 선언하자. public은 외부 파일에서 사용할 수 있다는 것을 뜻한다. extends ReactContextBaseJavaModule은 ReactContextBaseJavaModule의 메서드를 상속한다는 의미이다.

```
public class HelloWorldModule extends
eactContextBaseJavaModule { ... }
```

이 파일에는 HelloWorld, getName 그리고 greeting 세 함수가 구현되어 있다.

자바에서 클래스 이름과 같은 메서드를 생성자(constructor)라 부른다. HelloWorld 메서드는 앞서 말한 바와 같이 보일러플레이트이다. super(reactContext)를 호출하여 ReactContextBaseJavaModule 생성자를 호출한다. 그 외에 다른 것은 하지 않는다.

getName은 자바스크립트에서 모듈에 접근하기 위해 사용하는 이름을 결정하는 것이므로, 맞게 입력이 되었는지 한 번 더 확인하자. 여기서는 'HelloWorld'라는 이름을 사용한다. @Override 어노테이션(annotation)을 추가해야 한다는 것을 잊지 말자. 다른 모듈을 만들 때도 항상 getName을 구현하게 될 것이다.

greeting은 별도 추가한 함수로, 자바스크립트 코드에서 사용하려는

---

11 (옮긴이) 안드로이드를 위한 자바 모듈을 구현할 때 필수로 작성해야 하는 코드는 리액트 네이티브 버전에 따라 다를 수 있다. 모듈 작성을 위한 환경 설정 및 최신 버전의 작성 방법이 궁금하다면 리액트 네이티브 공식 홈페이지의 안드로이드 네이티브 모듈 가이드를 살펴보자. *https://facebook.github.io/react-native/docs/native-modules-android*

함수이다. @ReactMethod 어노테이션을 추가하게 되면 리액트 네이티브
는 이 메서드를 자바스크립트로 노출시킨다. greeting이 호출될 때 로
그를 남기기 위해 Log.e를 다음과 같이 호출한다.

```
Log.e("HelloWorldModule", "Hello, " + name);
```

안드로이드의 Log 객체는 로그를 남기는 레벨을 선택할 수 있다. INFO,
WARN과 ERROR가 가장 많이 쓰이는 세 가지 레벨이며 각각 Log.i,
Log.w 그리고 Log.e로 실행하면 된다. 이 세 가지 메서드를 호출할 때 로
그의 'tag'와 메시지, 이렇게 두 가지 파라미터를 지정한다. 태그에는 클
래스 이름을 지정하는 것이 일반적이다. 더 자세한 사항은 안드로이드
문서[12]에서 확인할 수 있다.

또한 모듈을 감싸는 패키지(HelloWorldPackage.java) 파일을 만들어
야 빌드에 포함시킬 수 있다(예제 7-7). HelloWorld.java와 같은 디렉터
리에 만들어야 한다.

예제 7-7 helloworld/HelloWorldPackage.java

```java
package com.depends.helloworld;

import com.facebook.react.ReactPackage;
import com.facebook.react.bridge.JavaScriptModule;
import com.facebook.react.bridge.NativeModule;
import com.facebook.react.bridge.ReactApplicationContext;
import com.facebook.react.uimanager.ViewManager;

import java.util.ArrayList;
import java.util.Collections;
import java.util.List;

public class HelloWorldPackage implements ReactPackage {
    @Override
    public List<NativeModule> createNativeModules(ReactApplicationConte
xt reactContext) {
        List<NativeModule> modules = new ArrayList<>();
        modules.add(new HelloWorldModule(reactContext));
        return modules;
    }
```

---

12 *https://developer.android.com/reference/android/util/Log.html*

```
    @Override public List<ViewManager> createViewManagers(ReactApplicat
ionContext reactContext) {
        return Collections.emptyList();
    }
}
```

이 파일은 대부분 보일러플레이트이다. 같은 패키지(com.android
depends)의 파일이기 때문에 HelloWorld를 임포트할 필요가 없다. 리액
트 네이티브는 createNativeModules와 createViewManagers, 두 가지 메
서드를 이용하여 무엇을 익스포트할지 결정한다.

이 네이티브 모듈은 네이티브 뷰나 UI 요소를 다루지 않는다. 따
라서 createViewManagers는 비어있는 리스트를 리턴한다. 이와 달리
createNativeModules는 HelloWorld 인스턴스가 포함된 목록을 리턴
한다.

마지막으로 MainActivity.java에 패키지를 추가한다. 다음과 같이 패
키지 파일을 임포트하자.

```
import com.depends.helloworld.HelloWorldPackage;
```

그 다음 getPackages()에 HelloWorldPackage를 추가한다.

```
protected List<ReactPackage> getPackages() {
    return Arrays.<ReactPackage>asList(
        new MainReactPackage(),
        new ReactVideoPackage(),
        new HelloWorldPackage()
    );
}
```

오브젝티브-C 모듈에서처럼 자바 모듈을 React.NativeModules 객체를
통해 접근할 수 있다. 이제 어디서든 greeting() 메서드를 다음과 같이
호출할 수 있다.

```
import { NativeModules } from "react-native"; NativeModules.
HelloWorld.greeting("Bonnie");
```

메시지를 쉽게 확인하기 위해 로그를 필터링해보자. 프로젝트 최상위

폴더에서 다음 명령어를 실행하자.

```
adb logcat
```

로그 메시지 출력을 보려면 앱을 재시작해야 한다.

```
react-native run-android
```

그림 7-6처럼 셸에서 로그를 확인할 수 있다.

```
10-11 14:01:45.081  2335  2369 I HelloWorld: Hello, Bonnie
10-11 14:01:45.081  2335  2369 I HelloWorld: Hello, Bonnie
```

그림 7-6 logcat으로 실행 결과

자바로 작성한 'Hello, World' 예제를 따라 해봤다. 그럼 react-native-video 안드로이드 버전은 어떻게 구현되어 있는지 살펴보자.

7.4.2 react-native-video의 자바 버전 탐험하기

react-native-video 안드로이드 버전은 기본적으로 MediaPlayer API의 래퍼에 해당한다. 이는 크게 3가지 파일로 구성되어 있다.

- ReactVideoView.java
- ReactVideoPackage.java
- ReactVideoViewManager.java

ReactVideoPackage.java 파일은 예제 7-8과 같으며 HelloWorldPackage.java와 매우 비슷하다.

예제 7-8 ReactVideoPackage.java

```
package com.brentvatne.react;

import android.app.Activity;
import com.facebook.react.ReactPackage;
import com.facebook.react.bridge.JavaScriptModule;
import com.facebook.react.bridge.NativeModule;
import com.facebook.react.bridge.ReactApplicationContext;
```

```
import com.facebook.react.uimanager.ViewManager;

import java.util.Arrays;
import java.util.Collections;
import java.util.List;

public class ReactVideoPackage implements ReactPackage {

    @Override
    public List<NativeModule> createNativeModules(
      ReactApplicationContext reactContext) {
        return Collections.emptyList();
    }

    @Override
    public List<ViewManager> createViewManagers(
      ReactApplicationContext reactContext
    ) {
        return Arrays.<ViewManager>asList(
          new ReactVideoViewManager()
        );
    }
}
```

HelloWorldPackage와 다른 점은 ReactVideoPackage의 createView
Managers가 ReactVideoViewManager를 리턴한다는 것이다. HelloWorld
Package의 경우 createNativeModules에서 HelloWorld를 리턴했다. 이
둘의 차이는 무엇일까?

안드로이드에서 네이티브로 렌더링되는 모든 뷰는 ViewManager가 생
성하고 관리한다(좀 더 정확히 얘기하자면 ViewManager를 확장한 클
래스가 생성하고 관리). ReactVideoView는 UI 컴포넌트이기 때문에
ViewManager를 리턴해야 한다. 안드로이드 UI 컴포넌트에 대한 리액트
네이티브 문서[13]는 네이티브 모듈을 노출하는 것과 UI 컴포넌트의 차이
점에 대해 자세히 설명하고 있다.

다음으로 ReactVideoViewManager.java를 살펴보자. 상대적으로 긴
파일이다. 전체 파일 내용은 react-native-video 깃허브 저장소[14]에서

---

13 *https://facebook.github.io/react-native/docs/native-components-android.html*
14 *https://github.com/react-native-community/react-native-video/blob/1.0.0/android/src/main/java/com/*
  brentvatne/react/ReactVideoViewManager.java

확인할 수 있다. 예제 7-9는 일부가 생략된 버전이다.

예제 7-9 ReactVideoViewManager.java의 요약 버전

```java
public class ReactVideoViewManager
    extends SimpleViewManager<ReactVideoView> {

    public static final String REACT_CLASS = "RCTVideo";

    public static final String PROP_VOLUME = "volume";
    public static final String PROP_SEEK = "seek";
    /** 일부 속성 생략 ... **/

    @Override
    public String getName() {
        return REACT_CLASS;
    }

    @Override
    protected ReactVideoView createViewInstance(
        ThemedReactContext themedReactContext
    ) {
        return new ReactVideoView(themedReactContext);
    }

    @Override
    public void onDropViewInstance(ReactVideoView view) {
        super.onDropViewInstance(view);
        view.cleanupMediaPlayerResources();
    }

    /** 일부 함수 생략 ... **/

    @ReactProp(name = PROP_VOLUME, defaultFloat = 1.0f)
    public void setVolume(
        final ReactVideoView videoView,
        final float volume
    ) {
        videoView.setVolumeModifier(volume);
    }

    @ReactProp(name = PROP_SEEK)
    public void setSeek(
        final ReactVideoView videoView,
        final float seek
    ) {
        videoView.seekTo(Math.round(seek * 1000.0f));
    }
}
```

몇 가지 눈여겨볼 만한 부분이 있다.

첫째는 getName의 구현 부분이다. HelloWorld 예제처럼 자바스크립트에서 네이티브 컴포넌트에 접근할 때 사용하는 이름을 지정하는 getName을 구현해야 한다.

다음은 @ReactProp 어노테이션을 사용하는 setVolume 메서드이다. <Video> 컴포넌트가 volume(PROP_VOLUME 상수의 값이 volume)이라는 props를 받도록 정의하는 것이며 props가 바뀔 때 setVolume 메서드가 호출된다. setVolume 안에서는 변경된 props 값을 네이티브 videoView의 setVolumeModifier에 넘겨주고 있다.

마지막은 ReactVideoViewManager는 실질적으로 createViewInstance에서 뷰를 생성한다는 점이다.

효과적으로 안드로이드 컴포넌트를 작성하기 위해서는 일반적으로 안드로이드가 뷰를 어떻게 다루는지 이해할 필요가 있다. 리액트 네이티브 컴포넌트를 살펴보는 것은 이를 이해하기 위한 좋은 출발점이다.

7.5 크로스 플랫폼 네이티브 모듈

크로스 플랫폼 네이티브 모듈을 만들 수 있을까?

물론 할 수 있다. 플랫폼별로 구분해서 모듈을 만들고 통합된 자바스크립트 인터페이스를 제공하기만 하면 된다. 이는 코드 재사용을 극대화하면서 플랫폼별로 최적화할 수 있는 좋은 방법이다.

크로스 플랫폼 네이티브 모듈을 만드는 것은 꽤 간단하다. 추가적인 설정이 많이 필요하지 않다. 일단 iOS와 안드로이드 버전을 별도로 구현하고 index.ios.js와 index.android.js 파일을 담을 폴더 하나를 만들면 된다. 이 두 파일에서 각각 해당하는 플랫폼의 네이티브 모듈을 불러오면 된다. 그 다음 폴더 이름을 import 문으로 불러오면, 리액트 네이티브가 플랫폼에 맞는 버전을 선택하여 사용한다.

리액트 네이티브 모듈을 만들 때 꼭 iOS와 안드로이드에서 동일하게 사용 가능한 API를 제공해야 하는 것은 아니다. 만드는 사람이 원하는

대로 하면 된다. iOS와 안드로이드 버전에서 조금 다른 API를 제공하게
만들어도 상관없다.

7.6 요약

그렇다면 어떤 상황에서 오브젝트-C나 자바 같은 네이티브 코드가 포
함된 모듈을 만들거나 네이티브 서드파티 모듈 혹은 라이브러리를 사
용하게 되는 것일까? 네이티브 모듈이 필요한 상황은 다음과 같이 크게
세 가지로 나눌 수 있다. 네이티브 모듈을 통해 이미 존재하는 오브젝티
브-C나 자바 코드를 사용하고 싶거나, 그래픽 연산처럼 성능이 중요하
고 멀티스레드 처리를 하는 코드를 작성한다거나, 리액트 네이티브에서
아직 지원하지 않는 API를 사용하고자 하는 경우이다.

　오브젝티브-C나 자바로 만들어진 기존의 모바일 프로젝트가 있는가?
그렇다면 네이티브 모듈을 만들어 기존 코드를 리액트 네이티브 앱에서
재사용해 보길 권한다. 하이브리드 앱은 이 책의 범위를 조금 넘어서는
영역이긴 하나, 자바스크립트, 오브젝티브-C와 자바 간에 기능을 공유
하기 위해 네이티브 모듈을 이용해 보는 것은 해볼 만한 일이다.

　마찬가지로 성능적인 면이 매우 중요한 경우나 특수한 연산을 해야
할 때도 개발하려는 플랫폼의 네이티브 언어를 사용하는 것이 적합하
다. 이런 경우에 오브젝티브-C나 자바에서 많은 일을 처리하고 결과만
자바스크립트 앱으로 전달하는 것이 일반적이다.

　마지막으로, 사용하길 원하는 네이티브 API를 리액트 네이티브가 아
직 지원하지 않는 경우이다. 이런 경우 다음과 같이 해보자. 첫째, 커뮤
니티에서 이 문제를 해결한 모듈을 찾아서 사용하는 것이다. 둘째, 만
약 이러한 모듈이 없다면 직접 이 문제를 해결하는 모듈을 만들고 커뮤
니티에 공개하는 것이다. 직접 네이티브 모듈을 만들 수 있게 되면 결국
대상 플랫폼의 장점을 사용하는 데 있어 리액트 네이티브에서의 지원
여부와 상관없이 원하는 것을 사용할 수 있다.

　iOS와 안드로이드 개발 경험이 전혀 없는가? 그렇다 해도 리액트 네

이티브로 개발할 계획이 있다면 오브젝티브-C와 자바 코드를 읽을 수 있을 정도만 배워보자. 여러모로 도움이 된다. 리액트 네이티브로 개발한다 할지라도 네이티브 언어에 익숙하지 않으면 아무래도 개발하는 과정에서 벽에 부딪히기 마련이다. 이러한 상황을 만나면 문제를 해결하려 시도해보자. 당장 문제를 해결하지 못한다 하더라도 이러한 과정은 값진 경험이다. 네이티브 모듈을 만드는 것은 남의 얘기가 아니다. 두려워하지 말고 시도해보자.

리액트 네이티브 앱을 개발할 때 리액트 네이티브 커뮤니티뿐만 아니라 자바스크립트 생태계는 큰 힘이 된다. 커뮤니티의 오픈 소스를 활용하고, 도움이 필요할 때는 적극적으로 문의해보자.

8장

플랫폼 특정 컴포넌트

7장에서 자바와 오브젝티브-C로 각각 네이티브 모듈을 작성하는 것에 대해 배웠다. 이와 관련하여 두 가지 궁금증이 생길 수 있다. 첫째, 모든 리액트 네이티브 컴포넌트는 iOS와 안드로이드를 위해 별도로 구현되어야 하는가? 그래야 한다면 둘째, 플랫폼별 코드는 어떻게 관리되어야 하는가?

  모든 컴포넌트는 모든 플랫폼에서 사용할 수 있는 것은 아니며, 모든 상호작용 패턴이 모든 디바이스에 적합한 것은 아니라는 사실을 염두에 두자. 그렇다고 크로스 플랫폼 앱을 만들 때 특정 플랫폼에서만 동작하는 컴포넌트를 사용할 수 없다는 말은 아니다. 이 절에서는 플랫폼 특정 인터페이스를 살펴보고 그 구현 방법과 크로스 플랫폼 앱을 만들 때 플랫폼 특정 컴포넌트를 사용하는 전략에 대해 알아보겠다.

> 리액트 네이티브 개발을 크로스 플랫폼 코드로만 작성하거나 플랫폼별 코드로만 작성해야 하는 것은 아니다. 크로스 플랫폼 코드와 특정 플랫폼에서만 동직아는 코느를 혼합할 수 있다. 이 또한 이번 절에서 다루겠다.

8.1 iOS 혹은 안드로이드만을 위한 컴포넌트

어떤 컴포넌트들은 특정 플랫폼에서만 동작한다. <TabBarIOS>나 <Switch
Android>가 그렇다. 이러한 컴포넌트들은 각 플랫폼에서 제공하는 플랫
폼 고유의 API를 사용하고 있기 때문에 해당 플랫폼에서만 동작한다. 이
렇듯 일부 컴포넌트들은 다른 플랫폼에서 동작하는 것 자체가 불가능하
다. 예를 들어 <ToolbarAndroid> 컴포넌트는 iOS에는 존재하지 않는 안드
로이드만의 API를 사용하기 때문에 안드로이드에서만 동작하는 게 당연
하다.

플랫폼 특정 컴포넌트의 이름은 iOS나 Android와 같이 그에 맞는 접
미사가 붙어있다. 만약 맞지 않는 플랫폼에 해당 컴포넌트를 포함시키
면 오류가 발생하여 앱이 종료될 것이다.

컴포넌트의 props 중에서도 특정 플랫폼에서만 사용 가능한 것이 있
다. 리액트 네이티브 문서를 살펴보면 이렇게 특정 플랫폼에서만 동작
하는 props 이름 옆에는 지원하는 플랫폼 이름이 표시되어 있다. 예를
들어 <TextInput>의 props에는 플랫폼에 상관없이 지원하는 것도 있고
iOS나 안드로이드 중에 하나만 지원하는 것도 있다(그림 8-1).

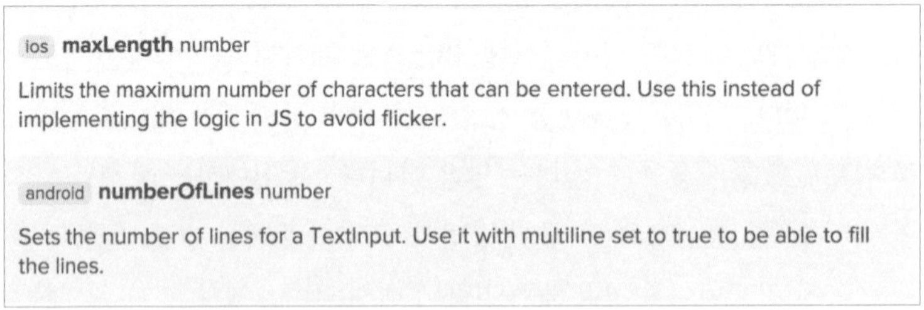

---

ios **maxLength** number

Limits the maximum number of characters that can be entered. Use this instead of
implementing the logic in JS to avoid flicker.

android **numberOfLines** number

Sets the number of lines for a TextInput. Use it with multiline set to true to be able to fill
the lines.

그림 8-1 <TextInput>에는 안드로이드나 아이폰에서만 동작하는 porp이 있다.

8.2 플랫폼별로 구현되어 있는 컴포넌트

그렇다면 크로스 플랫폼 앱에서 플랫폼 특정 컴포넌트나 props를 사용
할 수 없는 걸까? 다행히 사용 가능하다. 특정 플랫폼에서만 동작하는
컴포넌트를 플랫폼에 따라 다르게 동작하도록 만든 다른 컴포넌트에 포
함시키고, 앱이 실행되는 플랫폼에 맞게 렌더링되도록 만들 수 있다.

플랫폼 특정 컴포넌트는 해당하는 플랫폼에서만 동작한다. 예를 들어 <Toolbar
Android>는 안드로이드에서만 동작한다. 플랫폼 특유의 기능을 사용하는 컴포
넌트인데 다른 플랫폼에서 사용 가능하다면 아마도 내부적으로는 플랫폼별로 다
르게 동작하도록 구현되어 있을 것이다.

가장 많이 쓰이는 방법은 플랫폼에 특화된 사항을 하나의 부모 컴포넌
트에 넣어서 통합된 API를 제공하는 것이다. 내비게이션 UI를 생각해
보면 플랫폼마다 내비게이션이 하는 일은 비슷해 보여도 iOS 내비게이
션과 안드로이드의 내비게이션의 상호작용 패턴은 완전히 다르기 때문
에 이렇게 만들 만하다.

이번 절에서는 플랫폼별로 다르게 동작해야 하는 컴포넌트를 어떻게
구현하는지 살펴보겠다.

8.2.1 파일 확장자로 플랫폼 선택하기

index.ios.js와 index.android.js와 같이 중간 확장자만 다른 두 파일
을 본 적 있는가? 안드로이드와 iOS상에서 서로 다르게 동작하는 컴포
넌트를 만들어야 한다면 이 네이밍 컨벤션(naming convention)을 사
용하면 된다.

예제 8-1은 팝업 메시지를 보여주는 단순한 컴포넌트의 안드로이드
버전이다.

예제 8-1 Newsflash.android.js

```
import React from "react";
import { StyleSheet, Text, View, Alert } from "react-native";

export default class App extends React.Component {
    componentDidMount() {
        Alert.alert("Hey!", "You're on Android.")
    }

    render() {
        return (
            <View style={styles.container}>
                <Text>
                    What? I didn't say anything.
```

```
                </Text>
            </View>
        );
    }
}

const styles = StyleSheet.create({
    container: {
        flex: 1,
        backgroundColor: "#fff",
        alignItems: "center",
        justifyContent: "center"
    }
});
```

예제 8-2는 iOS 버전이다.

예제 8-2 Newsflash.ios.js

```
import React from "react";
import { StyleSheet, Text, View, Alert } from "react-native";

export default class App extends React.Component {
    componentDidMount() {
        Alert.alert("Hey!", "You're on iOS.");
    }

    render() {
        return (
            <View style={styles.container}>
                <Text>
                    What? I didn't say anything.
                </Text>
            </View>
        );
    }
}

const styles = StyleSheet.create({
    container: {
        flex: 1,
        backgroundColor: "#fff",
        alignItems: "center",
        justifyContent: "center"
    }
});
```

예제 8-1과 예제 8-2의 코드는 매우 비슷하다. 심지어 사용법도 다르지 않다. 이 두 파일은 같은 디렉터리 안에 존재해야 한다.

이 컴포넌트는 다음과 같이 임포트할 수 있다.

```
import Newsflash from "./Newsflash";
```

이때 import 구문에는 중간 확장자도 쓰지 않는다. 리액트 네이티브 패키저가 각 플랫폼에 맞는 확장자를 선택해서 불러온다. iOS에서는 Newsflash.ios.js를 불러오고 안드로이드에서는 Newsflash.android.js를 불러오게 된다.

이처럼 iOS와 Android에서 동일하게 사용할 수 있지만 플랫폼에 따라 다른 코드가 작동하는 크로스 플랫폼 컴포넌트를 만들 수 있다.

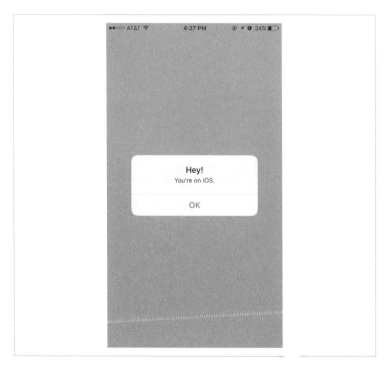

그림 8-2 iOS에서 Newsflash 컴포넌트 실행 모습

8.2.2 Platform 모듈 사용하기

플랫폼에 특화된 코드를 관리하는 또 다른 방법이 있다. 바로 Platform 모듈을 사용하는 것이다. 이 모듈을 이용하면 앱이 실행되는 운영체제가 무엇인지, 운영체제 버전이 어떻게 되는지 확인할 수 있다.

```
import { Platform } from "react-native";

console.log("What OS am I using?");
console.log(Platform.OS);

console.log("What version of the OS?");
console.log(Platform.Version);
// 예를 들어 안드로이드 버전이 25일 경우 Android Nougat 버전을 말함
```

Platform API는 플랫폼에 따라 컴포넌트 코드를 완전히 분리하지 않고 작성할 때 유용하게 쓰인다. 예를 들어 플랫폼에 따라 색깔만 다르게 적용하는 등 스타일시트 코드를 다룰 때 많이 사용된다.

```
import { Platform, StyleSheet } from "react-native";

const styles = StyleSheet.create({
    color: (Platform.OS === "ios") ? "#FF6666" : "#DD4444",
});
```

8.3 언제 플랫폼 특정 컴포넌트를 사용하나요?

플랫폼 특정 컴포넌트는 언제 사용하게 될까? 대부분, 해당 플랫폼의 인터렉션 패턴을 따르고 싶은 경우가 그렇다. 여러분의 앱이 진짜 네이티브처럼 느껴지길 원한다면 플랫폼별 고유의 UI를 주목해야 한다.

애플과 구글은 자신들의 플랫폼에 대한 휴먼 인터페이스 가이드라인을 제공하고 있다. 다음 문서를 참고하길 바란다.

- iOS Human Interface Guidelines[1]
- Android Design Reference[2]

---

1   *https://developer.apple.com/ios/human-interface-guidelines/overview/themes/*

2   *https://developer.android.com/design/index.html*

일부 컴포넌트만 플랫폼별 버전을 생성하면 코드 재사용성과 플랫폼 특유의 기능 활용성 간의 균형을 잡을 수 있다. 대부분의 경우 iOS와 안드로이드를 모두 지원하려 할 때 몇 가지 컴포넌트만 분리해서 작성하면 될 것이다.

9장

디버깅과 개발자 도구

앱을 만들다 보면 이런 저런 버그가 발생하고 이를 해결해야 할 때가 있기 마련이다. 이런 디버깅이 필요한 상황에서 리액트 네이티브 전용 디버깅 도구가 있다는 사실은 큰 위안이 된다. 리액트 네이티브와 대상 플랫폼의 접점에서 골치 아픈 버그가 발생하기도 하는데 이 장에서는 리액트 네이티브로 개발하면서 접하게 되는 일반적인 어려움과 이를 해결할 때 사용할 수 있는 도구에 대해 알아본다. 테스팅을 제외하고 디버깅을 논할 수 없기 때문에 작성한 리액트 네이티브 코드를 테스트하기 위한 기본적인 테스트 자동화 설정도 살펴보겠다.

9.1 자바스크립트 디버깅 방법과 에러 해석

리액트로 웹 페이지를 만들 때 디버깅을 도와주는 자바스크립트 기반 도구와 기법이 많이 존재한다. 이들은 리액트 네이티브에서 사용하려 할 때 약간의 수정이 필요할 순 있어도 대부분 그대로 사용할 수 있다. 리액트 네이티브에서도 콘솔, 디버거 그리고 리액트 개발자 도구를 사용할 수 있기 때문에 자바스크립트와 관련된 문제의 디버깅 방법은 상당히 친숙할 것이다.

9.1.1 개발자 옵션 활성화하기

이러한 도구를 사용하기 위해서는 앱 내부의 개발자 메뉴를 통해 크롬 개발자 도구를 활성화해야 한다(그림 9-1). 디바이스를 흔들면 이 메뉴가 나타난다. iOS 시뮬레이터에서는 커맨드+D를 누르면 된다. 안드로이드 에뮬레이터에서는 커맨드+M(Mac일 경우) 혹은 컨트롤+M(윈도우일 경우)을 누르면 된다. 나타난 메뉴에서 'Debug JS Remotely'을 선택해서 크롬 개발자 도구를 활성화할 수 있다.

그림 9-1 앱 내부에 있는 개발자 메뉴. 왼쪽은 안드로이드, 오른쪽은 iOS

배포용 빌드 과정에서는 이 개발자 모드가 비활성화된다.

Expo 앱(즉, Create React Native App으로 생성한 앱)의 경우 단축키는 같으나 다음과 같은 개발자 메뉴가 나타난다(그림 9-2).

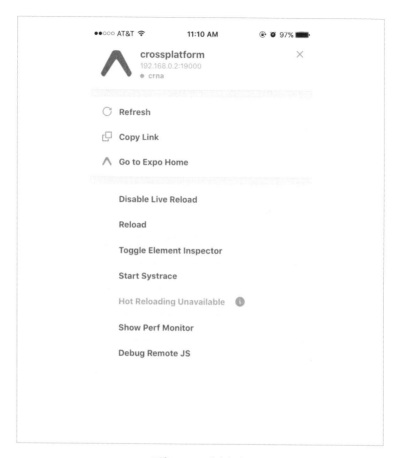

그림 9-2 Expo 개발자 메뉴

9.1.2 console.log로 디버깅하기

가장 기본적이면서 전형적인 디버깅 방법은 '현재 상황을 화면에 찍어보는 것'이다. 대부분의 웹 개발자에게 console.log는 없어서는 안 될 도구이다.

　자바스크립트 콘솔은 리액트 네이티브에서 바로 사용할 수 있다. 로그를 찍기 위해 어떤 설정도 필요하지 않다.

　Xcode를 사용할 때는 Xcode의 콘솔에서도 로그를 확인할 수 있다 (그림 9-3). 콘솔 영역의 크기는 콘솔 상단 경계를 드래그하여 변경할 수 있다.

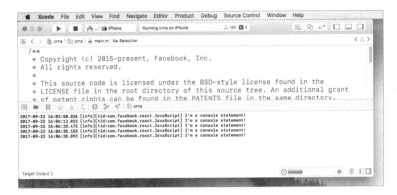

그림 9-3 Xcode에 출력된 콘솔 결과

안드로이드에서도 비슷하다. 프로젝트 최상위 폴더에서 logcat을 실행하여 해당 디바이스의 로그를 볼 수 있다(그림 9-4은 실행 결과를 보여준다).

```
adb logcat
```

```
10-11 20:12:10.139  2070  2085 E Surface : getSlotFromBufferLocked: unknown buffer: 0xab751700
10-11 20:12:10.368  1282  1301 W AppOps  : Finishing op nesting under-run: uid 10058 pkg com.androiddepends code 24 time=0 duration=0 nesting=0
10-11 20:12:10.440  2070  2104 W ReactNativeJS: 'Warning: Native component for "RCTModalHostView" does not exist'
10-11 20:12:10.528  2070  2104 D ReactNativeJS: 'Running application "AndroidDepends" with appParams: {"initialProps":{},"rootTag":1}. __DEV__ === true, devel
opment-level warning are ON, performance optimizations are OFF'
10-11 20:12:10.529  1282  1293 W InputMethodManagerService: Window already focused, ignoring focus gain of: com.android.internal.view.IInputMethodClient$Stub$
Proxy@707531 attribute=null, token = android.os.BinderProxy@e14a28e
10-11 20:12:10.542  2070  2104 D ReactNativeJS: 'CONSOLE.LOG IN LOGCAT'
```

그림 9-4 logcat에 'ReactNativeJS' 태그와 함께 결과가 출력된다

하지만 Xcode와 logcat의 출력된 내용은 각 플랫폼에 대한 로그까지 포함되어 있어서 복잡해 보인다. console.log의 출력에는 ReactNativeJS라는 태그가 포함되어 있으므로 다음과 같이 실행하면 해당 로그만 볼 수 있다.

```
adb logcat | grep ReactNativeJS
```

더 익숙하고 깔끔한 브라우저 기반 개발자 도구를 사용할 수 있다. 개발자 메뉴의 'Debug Remote JS'를 선택하면 웹 브라우저 콘솔이 열릴 것이다. 그림 9-5에서처럼 크롬 개발자 도구에서 출력되는 콘솔 결과를 확인할 수 있다.

그림 9-5 크롬 표시된 콘솔 출력 내용

출력 내용을 보려면 크롬의 개발자 콘솔을 열어야 한다.[1]

어떻게 크롬에서 디버깅이 가능한 것일까? `Debug JS Rmotetly`를 활성화된 상태로 리액트 네이티브 앱이 실행되면 브라우저는 표준 `<script>` 태그를 이용하여 리액트 네이티브 패키저에 있는 자바스크립트를 불러온다. 이런 방식을 통해 완전한 브라우저 기반 디버깅이 가능하다. 패키저는 웹소켓(websocket)을 이용하여 디바이스와 브라우저 사이에 명령어를 주고받는다.

동작 원리에 대해 자세히 알아야 할 필요는 없다. 이러한 도구를 어떻게 활용하는지 알아두자.

`console.warn` 결과는 노란 상자에, `console.error` 결과는 빨간 상자에 담겨 앱 화면에 표시가 된다. 이렇게 앱 화면에 출력되는 시각적 효과는 배포용 빌드에서는 제외되어 사용자에게 표시가 되지 않으니 걱정할 필요 없다.

9.1.3 자바스크립트 디버거 사용하기

일반적인 웹 기반 리액트 개발과 마찬가지로 자바스크립트 디버거를 사용할 수 있다. 그림 9-6과 같이 크롬 개발자 도구를 열고 'source' 탭으로 이동하면 브레이크 포인트를 설정할 수 있다.

웹 개발할 때와 마찬가지로 개발자 도구가 먼저 열려 있지 않다면 디버거의 브레이크포인트에서 멈추지 않는다. 또한 개발자 메뉴에서 Debug

---

1 (옮긴이) 크롬의 개발자 도구는 맥OS일 경우 Cmd + Shift + i를, 윈도우일 경우 Ctrl + Shift + i나 F12 단축키를 이용하여 열 수 있다.

Remote JS가 활성화가 되어 있어야 함을 잊지 말자.

그림 9-6 디버거 이용하기

디버거를 사용하면 브라우저 개발자 도구에 있는 소스 코드 보기를 이용할 수 있으며 브라우저 콘솔을 통해 실행 중인 자바스크립트 콘텍스트와 상호작용할 수 있다.[2]

9.1.4 리액트 개발자 도구 사용하기

리액트로 웹 페이지를 만들 때 리액트 개발자 도구는 상당히 유용하다. 컴포넌트 계층구조를 점검할 수 있고 컴포넌트의 props와 state를 들여다볼 수 있다. 또한 브라우저에서 state를 수정할 수 있다. 리액트 개발자 도구는 크롬 확장 프로그램(익스텐션)으로 제공된다.[3]

리액트 개발자 도구는 리액트 네이티브에서도 잘 동작한다. 리액트 네이티브에서 사용하려면 개별 실행(standalone) 버전으로 설치해야 한다.

```
npm install -g react-devtools
```

---

2 (옮긴이) 크롬 개발자 도구의 콘솔을 통해 리액트 네이티브 자바스크립트 콘텍스트와 상호작용하려면 크롬 콘솔 좌상단의 드롭다운 메뉴를 debuggerWorker.js로 변경해야 한다.

3 https://chrome.google.com/webstore/detail/react-developer-tools/fmkadmapgofadopljbjfkapdkoienihi

다음 명령어로 개발자 도구를 실행하면 그림 9-7과 같은 화면이 나타난다.

```
react-devtools
```

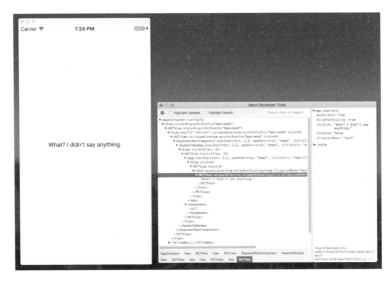

그림 9-7 리액트 개발자 도구 앱

9.2 리액트 네이티브 개발자 도구

앞서 설명한 일반적인 자바스크립트 기반의 웹 디버깅 도구 외에도 리액트 네이티브에서 제공하는 리액트 네이티브 전용 디버깅 기능을 사용할 수 있다.

9.2.1 엘리먼트 인스펙터 사용하기

브라우저를 통해 리액트 개발자 도구를 사용할 수 있다. 그렇다면 'inspect element' 기능을 리액트 네이티브에서 사용할 수 있을까? 다행히 앱 내부의 개발자 옵션에 'Toggle Inspector' 기능이 있다. 이를 이용하면 컴포넌트 계층구조를 빠르게 살펴보거나 스타일을 확인할 수 있다. 그림 9-8은 <Button> 컴포넌트를 검사한 결과이다.

그림 9-8 Inspect Element 기능을 이용하면 화면의 컴포넌트를 클릭하여 자세한 정보를 확인할 수 있다

이 화면은 기본적인 성능 매트릭스도 보여준다.

9.2.2 빨간 에러 화면

앱을 개발하는 동안 가장 많이 보게 되는 화면 중의 하나가 바로 빨간 에러 화면이다. 무섭게 느껴질 수도 있는 빨간색이지만 에러 메시지를 의미 있는 메시지로 바꿔서 알려주는 고마운 화면이다. 에러가 담고 있는 정보를 분석하는 법을 배우는 것은 효과적인 개발 과정을 위해 매우 중요하다.

예를 들어 문법 에러가 발생하면 어떤 파일의 몇 번째 줄에서 문제가 발생했는지 그림 9-9와 같이 알려준다.

그림 9-9 문법 에러를 알려주는 빨간 에러 화면

불러오거나 선언하지 않은 변수를 사용하려는 것과 같은 일반적인 에러
도 보여준다. 하나의 예로 누구나 하기 쉬운 실수 중 하나가 다음과 같
이 <Text> 컴포넌트를 명시적으로 임포트하지 않는 것이다

```
import React, { Component } from "react";

export default class App extends Component {
    render() {
        return (
            <View>
```

```
                    <Text>
                        I haven't imported things properly!
                    </Text>
                </View>
        );
    }
}
```

그림 9-10은 앞의 코드를 실행했을 때 나오는 에러 화면이다.

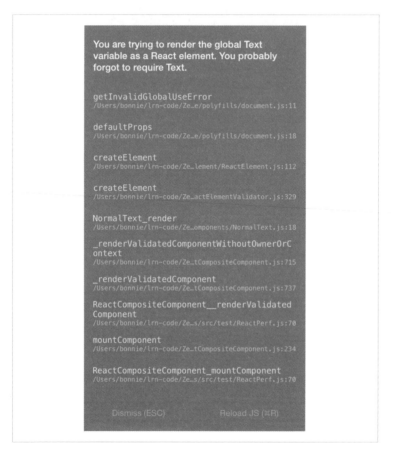

그림 9-10 <Text>를 임포트하는 것을 깜박할 경우 나타나는 에러 메시지

선언하지 않은 변수를 사용하려 할 때는 그림 9-11과 같은 메시지를 보여준다.

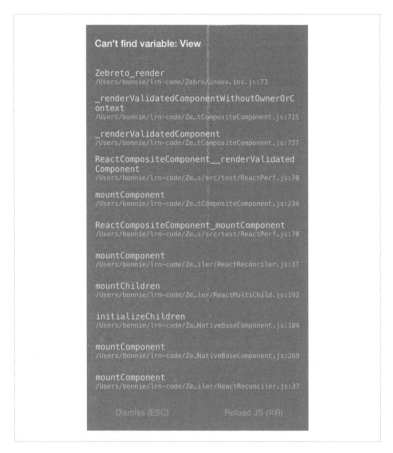

그림 9-11 선언하지 않은 변수에 접근할 때 발생하는 에러 메시지

특히 스타일과 관련된 에러 메시지를 자주 접하게 될 것이다. 예를 들어 StyleSheet.create에 잘못된 변수를 넘겼을 때 리액트 네이티브는 친절하게도 어떤 값이 적절한지 알려준다(그림 9-12).

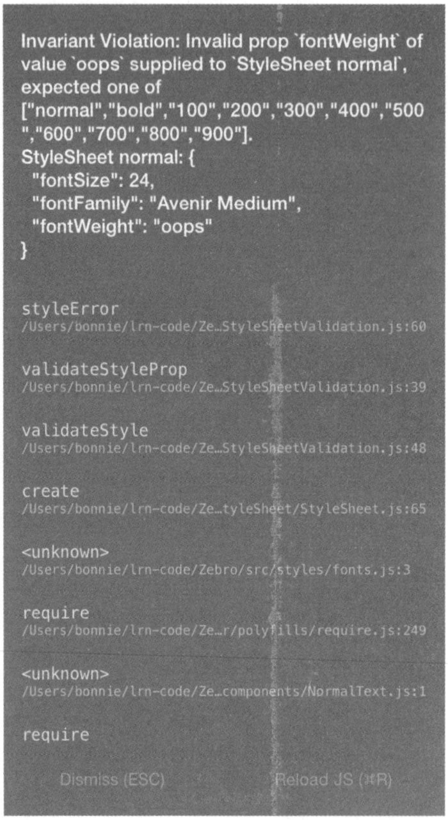

```
Invariant Violation: Invalid prop `fontWeight` of
value `oops` supplied to `StyleSheet normal`,
expected one of
["normal","bold","100","200","300","400","500
","600","700","800","900"].
StyleSheet normal: {
  "fontSize": 24,
   "fontFamily": "Avenir Medium",
   "fontWeight": "oops"
}


styleError
/Users/bonnie/lrn-code/Ze…StyleSheetValidation.js:60

validateStyleProp
/Users/bonnie/lrn-code/Ze…StyleSheetValidation.js:39

validateStyle
/Users/bonnie/lrn-code/Ze…StyleSheetValidation.js:48

create
/Users/bonnie/lrn-code/Ze…tyleSheet/StyleSheet.js:65

<unknown>
/Users/bonnie/lrn-code/Zebro/src/styles/fonts.js:3

require
/Users/bonnie/lrn-code/Ze…r/polyfills/require.js:249

<unknown>
/Users/bonnie/lrn-code/Ze…components/NormalText.js:1

require

         Dismiss (ESC)           Reload JS (⌘R)
```

그림 9-12 스타일 속성을 잘못 지정했을 때 나오는 에러 메시지

빨간 에러 화면이 무서워 보일 수 있지만 이 화면은 매우 유용한 정보를
담고 있다. 이 빨간 화면을 닫고 싶을 때는 시뮬레이터에서 ESC 키를
누르자. 에러 화면은 닫히고 앱 화면이 다시 보일 것이다.

9.3 자바스크립트를 넘어선 디버깅

리액트 네이티브로 모바일 앱을 만들다보면 여러분이 작성한 리액트 코
드에서 발생한 에러뿐만 아니라 일반적인 앱 에러도 접하게 된다. 모바
일 앱 개발이 처음이라면 이러한 에러가 당혹스러울 수 있다. 게다가 대

상 플랫폼과 리액트 네이티브 코드의 조합으로 동작하다 보니 가끔은 자바스크립트와 대상 플랫폼이 만나는 접점에서 발생하는 미묘한 에러도 마주하게 될 것이다.

자바스크립트 코드에서 발생하는 문제가 아닌 다른 원인으로 발생한 문제에 대해서도 디버깅할 줄 알아야 효과적으로 리액트 네이티브 개발을 할 수 있다. 다행히도 이런 문제들은 보기보다 단순한 경우가 많으며 이런 상황을 위한 도구도 많다.

9.3.1 흔히 발생하는 개발 환경 문제

iOS, 안드로이드 그리고 자바스크립트 개발 환경까지 모두 관리해야 하는 것이 조금 귀찮을 수 있다. 이러한 조합에서 문제가 자주 발생하지는 않는다.

패키저가 시작될 때 문제가 있거나 npm start 혹은 react-native run-android 명령어로 앱을 빌드하거나 실행할 때 문제가 발생하고 있다면 디펜던시와 관련된 문제일 수 있다.

웬만한 디펜던시 문제는 npm 패키지를 전부 삭제 후 다시 설치하면 해결된다.

```
rm -rf node_modules
npm install
```

9.3.2 흔히 발생하는 Xcode 문제

iOS를 빌드할 때, 앱에 문제가 있다면 Xcode의 이슈 패널에 표시된다 (그림 9-13). 경고 아이콘을 클릭하면 볼 수 있다.

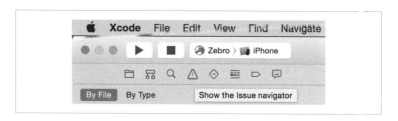

그림 9-13 이슈 패널 보기

Xcode는 어떤 파일의 몇 번째 줄에서 문제가 발생했는지 알려주고 해당 코드를 눈에 띄게 표시해준다. 그림 9-14는 일반적인 에러가 강조된 화면이다.

그림 9-14 에러 화면

'No visible interface for RCTRootView' 에러는 무언가 잘못돼서 Xcode가 리액트 네이티브의 오브젝티브-C 클래스를 찾을 수 없다는 것을 뜻한다. 일반적으로 Xcode에서 'X is undefined' 에러 메시지가 발생하면 다음 절차에 따라 자바스크립트 디펜던시를 재확인하자.

1. 패키저 종료
2. Xcode 종료
3. 프로젝트 디렉터리에서 npm install 실행
4. Xcode 재실행

또 하나 흔히 발생하는 문제는 에셋 사이즈와 관련된 문제이다(그림 9-15).

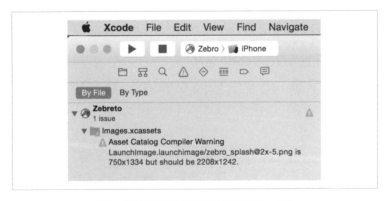

그림 9-15 이미지 사이즈가 잘못되었을 때 나오는 경고

특히 앱 아이콘과 같은 에셋은 디바이스별로 사이즈가 정해져 있기 때

문에 잘못된 사이즈의 이미지가 포함되면 Xcode에 경고 메시지가 나타
난다.

오브젝티브-C가 익숙하지 않다면 처음에는 Xcode의 경고 메시지의
의미를 파악하기 쉽지 않을 수 있다. 가장 헷갈리는 것은 리액트 네이티
브와 Xcode 프로젝트의 통합 관련 사항이지만 웬만한 문제들은 리액트
네이티브를 다시 설치하면 해결된다.

9.3.3 흔히 발생하는 안드로이드 문제

react-native run-android를 실행할 때, 에러 메시지가 발생하면서 앱
이 로딩되지 않을 때가 있다. 안드로이드 디펜던시가 누락되었거나 안
드로이드 가상 디바이스(혹은 USB에 연결된 디바이스)가 시작되지 않
아서 발생하는 경우가 대표적인 사유이다.

패키지를 찾을 수 없다는 경고가 나타나면 android 명령어를 실행하
여 해당 패키지가 'installed'로 표시되어 있는지 확인하자. 'installed'가
아니라면 설치하자. 이미 설치되어 있다면 리액트 네이티브가 찾을 수
없는 상황이므로 다음 설명을 따라 개발 환경 문제를 해결해보자. 또한
ANDROID_HOME 환경 변수가 안드로이드 SDK가 설치된 경로로 지
정되어 있는지 확인해보자. 다음은 해당 환경 변수를 확인한 예시이다.

```
$ echo $ANDROID_HOME
/usr/local/opt/android-sdk
```

빌드 대상으로 사용할 수 있는 적합한 디바이스가 없다는 경고가 나
왔다면 디바이스를 확인해보자. 에뮬레이터를 켜지 않았다면 android
avd[4] 명령어를 실행하여 원하는 에뮬레이터를 켜자. 에뮬레이터가 부팅
중일 때는 react-native run-android를 실행하면 실패할 것이다. 에뮬
레이터가 켜질 때까지 기다렸다가 다시 실행해보자. 실제 디바이스에

---

4 (옮긴이) android 명령어는 더 이상 지원하지 않는다(deprecated). avd 실행을 위해서는 안드로
이드 스튜디오를 이용하거나 Android SDK Tools package(25.3.0 이상)에 포함된 avdmanager
명령어를 이용하면 된다.

실행하는 경우라면 USB 디버깅 기능이 켜져 있는지 확인하자.[5]

안드로이드 앱의 서명된 apk가 생성된 후 다음과 같은 에러가 발생할
수 있다.

```
$./gradlew installRelease
...
INSTALL_PARSE_FAILED_INCONSISTENT_CERTIFICATES:
New package has a different signature
```

이 문제는 디바이스나 애뮬레이터에 이미 설치되어 있는 앱을 삭제하고
다시 설치해보면 해결된다. 이미 서명된 APK가 설치되어 있는 상태에
서 예전과 다른 서명 키(signing key)로 인증된 앱 APK를 설치하려 할
때 발생한다.

9.3.4 리액트 네이티브 패키저

리액트 네이티브는 작성한 코드를 패키저를 이용하여 빌드하기 때문에
패키저가 빌드하는 과정에서 미리 문제가 될만한 사항들을 알려준다.

Xcode나 react-native run-android 명령어 등을 통해 프로젝트를 실
행할 때 리액트 네이티브 패키저는 자동으로 실행된다. 그러나 프로젝
트를 닫을 때 패키저가 자동으로 종료되지는 않는다. 따라서 프로젝트
를 변경해도 다른 디렉터리에서 패키저가 여전히 실행 중일 수 있고 이
런 상황에서는 컴파일 에러가 발생한다. 항상 패키저가 프로젝트 최상
위 디렉터리에서 실행되고 있음을 확인하자. npm start 명령어로 직접
패키저를 실행할 수도 있다.

리액트 네이티브 패키저가 시작될 때 생소한 에러가 발생한다면 개발
환경이 문제일 가능성이 있다. 이럴 때는 앞서 설명한 방법에 따라 npm,
Node, 리액트 네이티브의 로컬 설치가 정상적으로 되어 있는지 확인해
보자.

---

5 (옮긴이) 실제 안드로이드 디바이스의 USB 디버깅 기능을 활성화하려면 먼저 안드로이드의 설
   정 앱에서 개발자 모드를 활성화시켜야 한다. 개발자 모드 활성화 방법은 디바이스 제조사 및 버
   전에 따라 다르다.

9.3.5 iOS 디바이스에 배포할 때 발생하는 문제

실제 iOS 디바이스에서 앱을 테스트하고자 할 때 조금 특이한 문제들이
발생할 수 있다.

iOS 디바이스에 설치할 때 문제가 발생했다면 원하는 디바이스가 빌
드 타깃으로 지정되었는지 확인하자. 프로젝트 설정상 지원하는 디바
이스 타입인가? 예를 들어 아이패드를 지원하지 않도록 명시적으로 설
정했다면 아이패드에 배포할 수 없다.

리액트 패키저를 이용하여 수정한 코드를 실행되는 앱에서 확인하려
할 때 그림 9-16과 같은 에러 화면이 나타날 때가 있다.

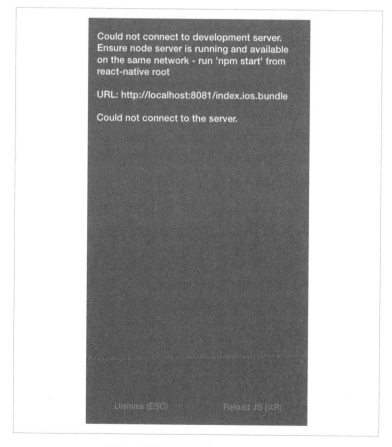

그림 9-16 개발 서버에 접속할 수 없을 때 에러 화면

이 화면은 앱이 자바스크립트 번들 파일을 리액트 네이티브 패키저에서 불러오려고 했지만 실패했을 때 나타난다. 이 경우 다음을 확인해보자.

- 컴퓨터와 iOS 디바이스가 같은 와이파이(WiFi) 네트워크에 접속되어 있는가?
- 리액트 네이티브 패키저가 프로젝트 디렉터리에서 실행되고 있는가?

9.3.6 시뮬레이터의 동작

가끔 시뮬레이터가 이상하게 동작할 수 있다. 앱이 반복적으로 종료되거나 코드를 변경한 사항이 시뮬레이터에 반영이 안 되거나 할 때, 우선적으로 해볼 수 있는 일은 앱을 디바이스에서 지우는 것이다.

앱을 삭제하는 것만으로 문제가 해결되지 않을 수도 있다. 왜냐하면 대부분의 시스템은 앱을 삭제해도 일부 파일을 남겨두기도 하는데, 이 파일이 나중에 문제의 원인이 될 수도 있기 때문이다. 앱을 완전한 초기 상태에서 시작하는 가장 간단한 방법은 그림 9-17에 나와있는 메뉴를 이용하여 시뮬레이터를 완전히 초기화하는 것이다. 이는 시뮬레이터의 모든 파일과 앱을 지우게 된다.

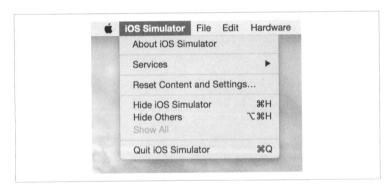

그림 9-17 Reset Content and Settings 옵션은 디바이스의 모든 것을 지우게 된다

안드로이드 에뮬레이터도 비슷한 방법으로 초기화할 수 있다. 가상 디바이스를 지우고 새로운 디바이스로 시작하면 된다.

9.4 코드 테스트하기

디버깅을 할 수 있으면 좋은 일이지만 문제가 발생하기 전에 예방하는 것이 더 좋다(만약 예방을 할 수 없어도 발생한 문제를 즉시 감지하면 좋겠다). 테스트 자동화나 정적 타입 검사기는 이를 위한 매우 유용한 도구이다.

> 🔵 **자바스크립트 코드 테스트**
>
> 여러분이 작성한 리액트 네이티브 코드 대부분은 모바일 환경에서만 동작하는 코드가 아니다. 예를 들어 렌더링 로직에서 분리할 수 있는 모든 비즈니스 로직은 모바일이 아닌 환경에서도 동작한다. 그렇기 때문에 이런 코드는 여러분이 기본 자바스크립트로 개발할 때 주로 사용하던 도구로 테스트할 수 있다는 말이다.

이번 섹션에는 특히 Flow로 타입 검사를 하는 방법과 Jest로 단위 테스트를 하는 방법에 대해 살펴보겠다.

9.4.1 Flow를 이용한 타입 검사

Flow[6]는 정적 타입 검사를 하는 자바스크립트 라이브러리이다. 명시적으로 타입을 지정하지 않은 코드에서도 타입을 유추하여 검사한다. 그래서 기존 프로젝트에 일단 적용하고, 나중에 타입을 천천히 명시해도 된다. 타입 검사는 문제가 될만한 부분을 미리 발견하고 다양한 컴포넌트와 모듈 간에 올바르게 API를 사용하도록 도와준다.

npm 명령어로 Flow를 설치할 수 있다.[7]

```
$ npm install -g flow-bin
```

다음 명령어로 Flow를 간단히 실행할 수 있다.

```
$ flow check
```

---

6 *https://flow.org*

7 (옮긴이) Flow를 Atom이나 Code 같이 사용하고 있는 에디터에 설정하면 Flow 검사를 코드 작성하면서 바로 확인할 수 있다. 사용하고 있는 에디터에 Flow를 위한 설정은 어떻게 하는지 확인해보자.

기본 앱은 Flow 동작에 대한 설정 정보를 담고 있는 .flowconfig가 포함되어 있다. node_modules의 파일과 관련돼서 에러가 많이 발생한다면 .flowconfig의 [ignore] 아래에 다음 코드를 추가하자.

```
.*/node_modules/.*
```

그러고 나면 flow check를 에러 없이 실행할 수 있다.

```
$ flow check
$ Found 0 errors.
```

리액트 네이티브 앱 개발에 도움이 되는 Flow를 사용해보자.

9.4.2 Jest를 이용한 단위 테스트

리액트 네이티브는 Jest(제스트)[8]를 이용한 리액트 컴포넌트 테스트를 지원한다. Jest는 Jasmine[9]을 기반으로 만들어진 단위(Unit) 테스트 프레임워크이다. 디펜던시를 자동으로 흉내 내(automocking) 볼 수 있는 기능을 제공하며 리액트 테스트 도구들과 훌륭하게 연동된다.

Jest를 사용하기 위해서는 먼저 설치해야 한다.

```
npm install jest-cli --save-dev
```

Jest가 배포용 빌드가 아닌 개발 과정에서만 필요하므로 설치 명령어에 --save-dev 옵션을 사용한다.

package.json의 scripts에 test를 추가한다.

```
{
    ...
    "scripts": {
        "test" : "jest"
    }
    ...
}
```

---

8 (옮긴이) *https://facebook.github.io/jest*
9 (옮긴이) *http://jasmine.github.io*

이렇게 수정하고 npm test를 실행하면 jest가 실행된다.

다음으로 __tests__/ 디렉터리를 만들자. Jest는 __test__/ 디렉터리에 있는 파일을 재귀적으로 찾고 실행할 것이다.

```
mkdir __tests__
```

__tests__/dummy-test.js 파일을 만들고 첫 번째 테스트를 작성해보자.

```
'use strict';

describe('a silly test', function() {
    it('expects true to be true', function() {
        expect(true).toBe(true);
    });
});
```

npm test를 실행하게 되면 테스트가 통과되었다는 메시지를 보게 될 것이다.

물론, 이런 단순한 예제 말고 더 많은 것을 할 수 있다. Jest에 대해 더 알고 싶다면 공식 문서[10]부터 살펴보길 권한다.

9.4.3 Jest를 이용한 스냅샷 테스팅

예기치 않게 UI가 변경되는 것을 방지하는 데는 스냅샷(snapshot) 테스트 만한 것이 없다. 스냅샷 테스트는 리액트 컴포넌트와 궁합이 잘 맞고 복잡한 설정 없이 손쉽게 테스트를 작성할 수 있다.

리액트 네이티브에서 스냅샷 테스트를 하려면 react-test-renderer 패키지가 필요하다.

```
npm install --save react-test-renderer
```

예제 9-1은 간단한 Jest 테스트 예시이다.

---

10 *https://facebook.github.io/jest/*

예제 9-1 Styles/tests/FlexDemo-test.js

```
import React from "react";
import FlexDemo from "../FlexDemo";

import renderer from "react-test-renderer";

test("renders correctly", () => {
    const tree = renderer.create(<FlexDemo />).toJSON();

    expect(tree).toMatchSnapshot();
});
```

보시다시피 간단한 코드로 스냅샷 테스트를 작성할 수 있다.

package.json 파일에 Jest를 디펜던시 목록에 추가하고 react-native preset을 설정하자.

```
"dependencies": {
    ...
    "jest": "*"
    ...
},
"jest": {
    "preset": "react-native"
}
```

npm test를 처음 실행하면 스냅샷이 생성된다.

```
$ npm test
 PASS  __tests__/FlexDemo-test.js
  ✓ renders correctly (1216ms)

Snapshot Summary
 › 1 snapshot written in 1 test suite.
```

생성된 스냅샷 파일은 예제 9-2와 같은 형태이다.

예제 9-2 생성된 스냅샷 파일

```
// Jest Snapshot v1, https://goo.gl/fbAQLP

exports[renders correctly 1] = `
<View
    style={
        Object {
```

```
                "alignItems": "flex-end",
                "backgroundColor": "#F5FCFF",
                "borderColor": "#0099AA",
                "borderWidth": 5,
                "flex": 1,
                "flexDirection": "row",
                "marginTop": 30,
            }
        }
    >
    <Text
        accessible={true}
        allowFontScaling={true}
        ellipsizeMode="tail"
        style={
            Object {
                "borderColor": "#AA0099",
                "borderWidth": 2,
                "flex": 1,
                "fontSize": 24,
                "textAlign": "center",
            }
        }
    >
        Child One
    </Text>
    <Text
        accessible={true}
        allowFontScaling={true}
        ellipsizeMode="tail"
        style={
            Object {
                "borderColor": "#AA0099",
                "borderWidth": 2,
                "flex": 1,
                "fontSize": 24,
                "textAlign": "center",
            }
        }
    >
        Child Two
    </Text>
    <Text
        accessible={true}
        allowFontScaling={true}
        cllipsizeMode="tail"
        style={
            Object {
                "borderColor": "#AA0099",
```

```
                      "borderWidth": 2,
                      "flex": 1,
                      "fontSize": 24,
                      "textAlign": "center",
                  }
              }
          >
              Child Three
          </Text>
  </View>
  `;
```

이 파일은 직접 수정해서는 안 되고 앱을 수정했다면 run npm test를 다시 실행하라. 현재 컴포넌트 버전과 이전 스냅샷이 차이가 있다면 Jest는 차이점을 보여주고 테스트는 실패했다고 보여준다.

```
$ npm test
 FAIL  __tests__/FlexDemo-test.js
  ● renders correctly

    expect(value).toMatchSnapshot()

    Received value does not match stored snapshot 1.

    - Snapshot
    + Received

    @@ -41,22 +41,6 @@
            }
          }
        >
            Child Two
        </Text>
    -  <Text
    -    accessible={true}
    -    allowFontScaling={true}
    -    ellipsizeMode="tail"
    -    style={
    -      Object {
    -        "borderColor": "#AA0099",
    -        "borderWidth": 2,
    -        "flex": 1,
    -        "fontSize": 24,
    -        "textAlign": "center",
    -      }
    -    }
```

```
   -  >
   -     Child Three
   -  </Text>
    </View>

      at Object.<anonymous> (__tests__/FlexDemo-test.js:11:14)

 × renders correctly (66ms)

Snapshot Summary
 › 1 snapshot test failed in 1 test suite.
```

기존 스냅샷과 비교하여 차이가 있을 때는 이것이 에러인지 아니면 스냅샷을 업데이트해야 할 정상적인 변화인지를 선택할 수 있다. 스냅샷 파일은 버전 관리에 포함되어야 한다.

9.5 문제를 해결하지 못해 막힐 때

이리저리 해도 문제를 해결하지 못하는 답답한 상황이라면 커뮤니티에 질문을 올려보자. 조언을 구할 수 있는 곳은 상당히 많다.[11]

- The #reactnative IRC chat[12]
- 리액트 토론 포럼[13]
- StackOverflow[14]

겪고 있는 문제가 리액트 네이티브의 버그라고 판단이 된다면 깃허브[15]에 이미 발급된 관련 이슈는 없는지 확인해보자. 새로운 이슈로 발급할 때는 문제되는 상황을 보여줄 수 있는 데모 앱을 만들어서 설명하는 것이 좋다.

---

11 (옮긴이) 국내에도 자바스크립트 개발자 포럼(*https://jsdev.kr/c/react/native*), 리액트 코리아 (*https://www.facebook.com/groups/react.ko*) 그리고 리액트 네이티브 한국 사용자 그룹(*https:// www.facebook.com/groups/reactapp*) 등 리액트 네이티브에 대해 이야기 나눌 수 있는 커뮤니티가 있다.

12 *irc://chat.freenode.net/reactnative*

13 *https://discuss.reactjs.org*

14 *http://stackoverflow.com/questions/tagged/react-native*

15 *https://github.com/facebook/react-native/issues*

9.6 요약

일반적으로 리액트 네이티브 디버깅은 웹 기반 리액트 코드를 디버깅하는 것과 비슷하다. 이미 친숙한 도구 대부분을 리액트 네이티브에도 적용할 수 있기에 리액트 네이티트 개발에 빠르게 적용할 수 있을 것이다. 리액트 네이티브 앱은 그 자체만으로도 복잡하다 보니 이러한 복잡함은 골치 아픈 버그의 원인이 되기도 한다. 앱 디버깅을 할 줄 알고 개발 과정에서 발생하는 에러 메시지를 이해할 수 있다면 앱을 생산적으로 개발하는 데 밑거름이 될 것이다.

10장

대규모 애플리케이션의
내비게이션과 구조

지금까지 리액트 네이티브 앱을 만들기 위해 알아야 하는 많은 내용을 살펴봤으니 이를 종합해서 하나의 앱을 만들어보자. 이전 장에서는 간단한 앱 중심의 예제였다면 이번 장에서는 좀 더 큰 규모의 앱을 예제로 그 구조를 들여다볼 것이다. react-navigation의 <StackNavigation>을 이용하여 앱의 여러 화면 간의 전환을 어떻게 하는지도 알아본다.

이번 장에서 예제로 다루는 앱은 11장에서도 사용된다. 11장에서는 이 앱에 state 관리 라이브러리인 리덕스(Redux)를 적용하는 방법에 대해 알아본다.

10.1 플래시카드 앱

이번 장에서는 사용자가 카드 데크를 만들고 리뷰할 수 있는 플래시카드 앱을 만들 것이다. 플래시카드 앱은 지금까지의 샘플 앱보다 복잡하다. 짜임새가 잘 갖춰진 앱이라 할 만한 예제이다. 여기서 다루는 모든 코드는 깃허브[1]에 공개되어 있다. 이 앱은 온전히 자바스크립트로 작성한 크로스 플랫폼 앱이다. 따라서 iOS와 안드로이드에서 동작하고 Expo(즉, Create React Native App으로 생성해서 구현 가능)와도 호환

---

[1] *https://github.com/bonniee/learning-react-native/tree/2.0.0/src/flashcards*

된다.

그림 10-1은 플래시카드 앱의 세 가지 주요 화면이다.

- 홈 화면: 데크(deck) 목록을 볼 수 있고 새로운 데크를 만들 수 있다.
- 카드 만들기 화면
- 리뷰 화면

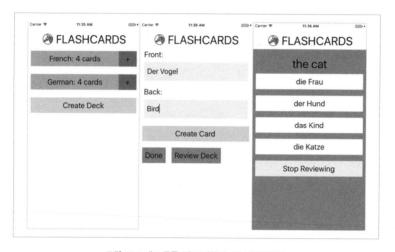

그림 10-1 데크 목록, 카드 만들기, 카드 리뷰 화면

이 앱에서 사용자가 할 수 있는 상호작용은 크게 두 가지로 나뉜다. 첫째는 콘텐츠 만들기이다(즉, 데크와 카드 만들기).

1. 사용자가 Create Deck을 탭(tap)한다.
2. 데크 이름을 입력하고 리턴키를 누르거나 Create Deck 버튼을 다시 탭한다.
3. 카드의 앞면과 뒷면에 적힐 값을 입력하고 Create Card 버튼을 탭한다.
4. 원하는 수만큼 카드를 만들고 나면 사용자는 Done 버튼을 탭하여 원래 화면으로 돌아가거나 Review Deck 버튼을 탭하여 리뷰를 시작할 수 있다.

나중에 홈 화면의 + 버튼을 탭하여 카드를 만들 수도 있다.

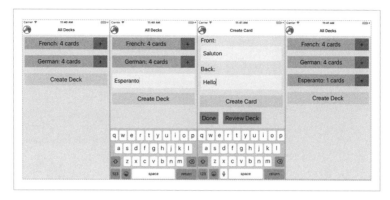

그림 10-2 데크 생성하기

두 번째 주요 상호작용은 카드를 리뷰하는 것이다(그림 10-3).

1. 리뷰하길 원하는 데크의 이름을 탭한다.

2. 질문 화면이 나타난다.

3. 사용자는 화면에 나온 선택지 중에서 하나를 탭한다.

4. 사용자가 선택한 답변이 맞았는지 틀렸는지에 따른 피드백이 화면에
   표시된다.

5. 다음 리뷰를 진행하려면 Continue 버튼[2]을 탭한다.

6. 모든 리뷰가 완료되면 'Reviews cleared' 화면이 나타난다.

2　(옮긴이) Continue 버튼의 제목은 사용자 응답의 정답 여부에 따라 'Correct! Next card?' 혹은
'Oops, not quite. Next card?'로 바뀐다.

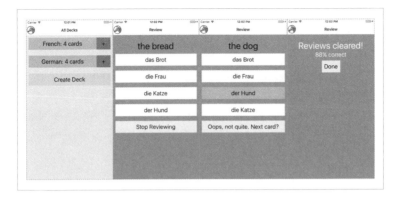

그림 10-3 카드 리뷰하기

앞서 설명한 기능을 갖는 플래시카드 앱을 만들어가면서 앱의 짜임새를 갖추기 위해 사용하는 패턴과 이때 겪게 되는 문제에 대해 살펴보겠다.

10.2 프로젝트 구조

다음은 대략적인 프로젝트 구조이다.

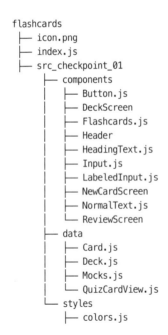

```
flashcards
├── icon.png
├── index.js
├── src_checkpoint_01
        ├── components
        │       ├── Button.js
        │       ├── DeckScreen
        │       ├── Flashcards.js
        │       ├── Header
        │       ├── HeadingText.js
        │       ├── Input.js
        │       ├── LabeledInput.js
        │       ├── NewCardScreen
        │       ├── NormalText.js
        │       └── ReviewScreen
        ├── data
        │       ├── Card.js
        │       ├── Deck.js
        │       ├── Mocks.js
        │       └── QuizCardView.js
        └── styles
                ├── colors.js
```

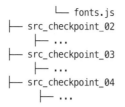

```
            └── fonts.js
    ├── src_checkpoint_02
    │   ├── ...
    ├── src_checkpoint_03
    │   ├── ...
    ├── src_checkpoint_04
        ├── ...
```

flashcards 디렉터리에는 4개의 폴더가 있다. 개발이 진행되는 과정에 따라 src_checkpoint_01, src_checkpoint_02, src_checkpoint_03 그리고 src_checkpoint_04에 각각 순서대로 저장되어 있다. 우선 src_checkpoint_01 디렉터리부터 살펴보자.

components/

모든 리액트 컴포넌트는 여기 존재한다.

data/

카드, 데크, 리뷰에 해당하는 데이터 모델이 들어있다.

styles/

여러 곳에서 재사용되는 스타일시트 객체가 들어있다.

10.2.1 앱 화면

이 앱은 크게 3가지 주요 화면으로 나눌 수 있다.[3] 그중 하나가 데크를 생성할 수 있는 메인 데크 화면이다. 데크 화면은 그림 10-4와 같이 앱에 존재하는 모든 데크가 표시되어야 한다.

---

3 (옮긴이) 3가지 주요 화면은 \<DeckScreen>, \<NewCardScreen>, \<ReviewScreen>이다.

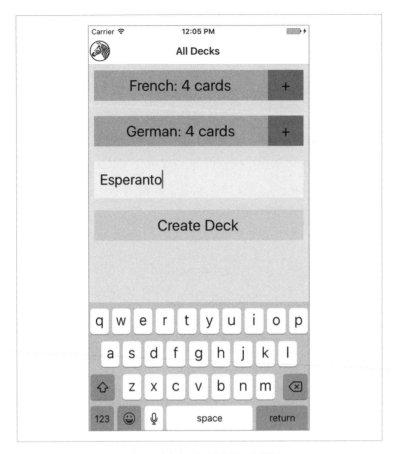

그림 10-4 메인 데크 화면에서 데크 생성하기

앞으로 작성하게 될 코드는 각 화면에 해당하는 컴포넌트를 생성할 것이다. 이는 아직 연결되지는 않은 상태여서 화면을 탭하면 'Not implemented(미 구현)'이라는 주의(warning) 메시지가 나타날 것이다(그림 10-5).

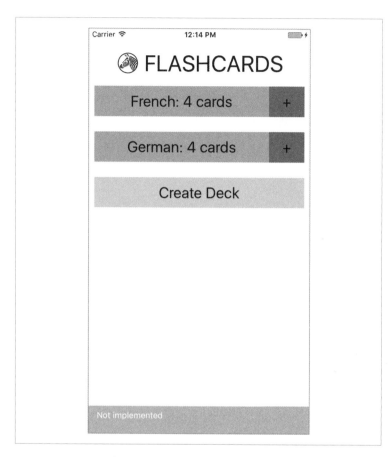

그림 10-5 앱의 버튼을 누르면 주의 메시지가 나타난다

이 앱의 최상위 컴포넌트는 components/Flashcards.js이다(예제 10-1).

예제 10-1 src_checkpoint_01/components/Flashcards.js

```
import React, { Component } from "react";
import { StyleSheet, View } from "react-native";

import Heading from "./Header";
import DeckScreen from "./DeckScreen";
import NewCardScreen from "./NewCardScreen";
import ReviewScreen from "./ReviewScreen";

class Flashcards extends Component {
    _renderScene() {
        // return <ReviewScreen />;
```

```
        // return <NewCardScreen />;
        return <DeckScreen />;
    }
    render() {
        return (
            <View style={styles.container}>
                <Heading />
                {this._renderScene()}
            </View>
        );
    }
}

const styles = StyleSheet.create({ container: { flex: 1, marginTop: 30 } });

export default Flashcards;
```

데크 화면, 카드 생성 화면과 리뷰 화면은 각각 <DeckScreen>, <NewCard
Screen> 그리고 <ReviewScreen> 컴포넌트로 구현되어 있다.

예제 10-2에 해당하는 <DeckScreen>은 존재하는 데크 목록과 새로운
데크를 생성하는 버튼을 렌더링한다.

예제 10-2 src_checkpoint_01/components/DeckScreen/index.js

```
import React, { Component } from "react";
import { View } from "react-native";

import { MockDecks } from "./../../../data/Mocks";
import Deck from "./Deck";
import DeckCreation from "./DeckCreation";

class DecksScreen extends Component {
    static displayName = "DecksScreen";

    constructor(props) {
        super(props);
        this.state = { decks: MockDecks };
    }

    _mkDeckViews() {
        if (!this.state.decks) {
            return null;
        }

        return this.state.decks.map(deck => {
            return <Deck deck={deck} count={deck.cards.length}
```

```
key={deck.id} />;
        });
    }

    render() {
        return (
            <View>
                {this._mkDeckViews()}
                <DeckCreation />
            </View>
        );
    }
}

export default DecksScreen;
```

예제 10-3에 해당하는 <NewCard>[4]에는 새로운 카드를 생성하는 입력 필드가 있다. 실제로 카드를 생성하게 되는 콜백은 아직 구현되지 않았다.

예제 10-3 src_checkpoint_01/components/NewCardScreen/index.js

```
import React, { Component } from "react";
import { StyleSheet, View } from "react-native";

import DeckModel from "./../../data/Deck";

import Button from "../Button";
import LabeledInput from "../LabeledInput";
import NormalText from "../NormalText";
import colors from "./../../styles/colors";

class NewCard extends Component {
    constructor(props) {
        super(props);
        this.state = { front: "", back: "" };
    }

    _handleFront = text => {
        this.setState({ front: text });
    };
```

4　(옮긴이) NewCard와 NewCardScreen은 같은 것인데 NewCardScreen/index.js 파일에서 클래스 생성할 때 클래스 이름과 폴더 이름을 다르게 지정했을 뿐이다. 혼선을 막기 위해서는 같은 이름을 쓰는 것이 일반적이다.

```
        _handleBack = text => {
            this.setState({ back: text });
        };

        _createCard = () => {
            console.warn("Not implemented");
        };

        _reviewDeck = () => {
            console.warn("Not implemented");
        };

        _doneCreating = () => {
            console.warn("Not implemented");
        };

        render() {
            return (
                <View>
                    <LabeledInput
                        label="Front"
                        clearOnSubmit={false}
                        onEntry={this._handleFront}
                        onChange={this._handleFront}
                    />
                    <LabeledInput
                        label="Back"
                        clearOnSubmit={false}
                        onEntry={this._handleBack}
                        onChange={this._handleBack}
                    />

                    <Button style={styles.createButton} onPress={this._createCard}>
                        <NormalText>Create Card</NormalText>
                    </Button>

                    <View style={styles.buttonRow}>
                        <Button style={styles.secondaryButton} onPress={this._doneCreating}>
                            <NormalText>Done</NormalText>
                        </Button>

                        <Button style={styles.secondaryButton} onPress={this._reviewDeck}>
                            <NormalText>Review Deck</NormalText>
                        </Button>
                    </View>
                </View>
            );
        }
    }
```

```
const styles = StyleSheet.create({
    createButton: { backgroundColor: colors.green },
    secondaryButton: { backgroundColor: colors.blue },
    buttonRow: { flexDirection: "row" }
});

export default NewCard;
```

예제 10-4에 해당하는 <ReviewScreen>는 리뷰를 연속적으로 보여준다. 사용자가 답변을 선택하면 다음 리뷰를 렌더링한다.

예제 10-4 src_checkpoint_01/components/ReviewScreen/index.js

```
import React, { Component } from "react";
import { StyleSheet, View } from "react-native";

import ViewCard from "./ViewCard";
import { MockReviews } from "../../../data/Mocks";
import { mkReviewSummary } from "./ReviewSummary";
import colors from "../../../styles/colors";

class ReviewScreen extends Component {
    static displayName = "ReviewScreen";

    constructor(props) {
        super(props);
        this.state = {
            numReviewed: 0,
            numCorrect: 0,
            currentReview: 0,
            reviews: MockReviews
        };
    }

    onReview = correct => {
        if (correct) {
            this.setState({ numCorrect: this.state.numCorrect + 1 });
        }
        this.setState({ numReviewed: this.state.numReviewed + 1 });
    };

    _nextReview = () => {
        this.setState({ currentReview: this.state.currentReview + 1 });
    };

    _quitReviewing = () => {
        console.warn("Not implemented");
```

```
    };

    _contents() {
        if (!this.state.reviews || this.state.reviews.length === 0) {
            return null;
        }

        if (this.state.currentReview < this.state.reviews.length) {
            return (
                <ViewCard
                    onReview={this.onReview}
                    continue={this._nextReview}
                    quit={this._quitReviewing}
                    {...this.state.reviews[this.state.currentReview]}
                />
            );
        } else {
            let percent = this.state.numCorrect / this.state.numReviewed;
            return mkReviewSummary(percent, this._quitReviewing);
        }
    }

    render() {
        return (
            <View style={styles.container}>
                {this._contents()}
            </View>
        );
    }
}

const styles = StyleSheet.create({
    container: { backgroundColor: colors.blue, flex: 1, paddingTop: 24 }
});

export default ReviewScreen;
```

이미 눈치챘겠지만 여기에서 사용된 컴포넌트들은 리액트 네이티브 기
본 컴포넌트가 아니라 플래시카드 앱을 위해 제작한, 재사용을 위한 컴
포넌트이다. 이번에는 이 컴포넌트들을 살펴보자.

10.2.2 재사용 가능한 컴포넌트

먼저 언급했듯이 규모가 큰 앱을 만들 때는 스타일이 적용된 컴포넌트
를 재사용하는 것이 좋다. 그렇다 보니 앞에서 설명한 컴포넌트에서 글

자를 표시해야 할 때 <Text> 컴포넌트를 직접 사용하지 않고 <Heading
Text>와 <NormalText>를 사용하고 있다. 이와 비슷하게 <Button> 컴포
넌트도 여러 번 재사용된다. <Input>과 <LabeledInput>도 마찬가지다.
이런 방식을 사용하면 코드 가독성이 높아지고 새로운 컴포넌트를 쉽게
만들 수 있으며 앱 스타일을 쉽게 변경할 수 있다.

앞으로 나오는 컴포넌트들은 재사용 가능한 컴포넌트이다. 이들은 플
래시카드 앱을 만드는 시작 단계부터 완성하기까지 계속 사용된다.

먼저 간단한 <Button> 컴포넌트부터 살펴보자(예제 10-5). this.props.
children에 해당하는 임의의 자식 컴포넌트를 <TouchableOpacity> 컴포
넌트로 감싸는 역할을 한다. onPress 콜백 함수와 재정의하고 싶은 스타
일을 props로 지정할 수 있다.

예제 10-5 src_checkpoint_01/components/Button.js

```javascript
import React, { Component } from "react";
import { StyleSheet, View, TouchableOpacity } from "react-native";

import colors from "./../styles/colors";

class Button extends Component {
    static displayName = "Button";

    render() {
        let opacity = this.props.disabled ? 1 : 0.5;
        return (
            <TouchableOpacity
                activeOpacity={opacity}
                onPress={this.props.onPress}
                style={[styles.wideButton, this.props.style]}
            >
                {this.props.children}
            </TouchableOpacity>
        );
    }
}

Button.defaultProps = { disabled: false };

export default Button;

const styles = StyleSheet.create({
    wideButton: {
```

```
        justifyContent: "center",
        alignItems: "center",
        padding: 10,
        margin: 10,
        backgroundColor: colors.pink
    }
});
```

다음은 예제 10-6에 해당하는 <NormalText>를 살펴보자. 이는 전형적인 <Text>를 화면 크기(dimention)에 따라 글자 크기가 조정되도록 스타일을 적용한 컴포넌트이다.

예제 10-6 src_checkpoint_01/components/NormalText.js

```
import React, { Component } from "react";
import { StyleSheet, Text, View } from "react-native";

import { fonts, scalingFactors } from "./../styles/fonts";
import Dimensions from "Dimensions";
let { width } = Dimensions.get("window");

class NormalText extends Component {
    static displayName = "NormalText";

    render() {
        return (
            <Text style={[this.props.style, fonts.normal, scaled.normal]}>
                {this.props.children}
            </Text>
        );
    }
}

const scaled = StyleSheet.create({
    normal: { fontSize: width * 1.0 / scalingFactors.normal }
});

export default NormalText;
```

예제 10-7에 해당하는 <HeadingText>는 <NormalText>와 매우 비슷하나 더 큰 글자 크기가 적용되어 있는 컴포넌트이다.

예제 10-7 src_checkpoint_01/components/HeadingText.js

```javascript
import React, { Component } from "react";
import { StyleSheet, Text, View } from "react-native";

import { fonts, scalingFactors } from "./../styles/fonts";
import Dimensions from "Dimensions";
let { width } = Dimensions.get("window");

class HeadingText extends Component {
    static displayName = "HeadingText";

    render() {
        return (
            <Text style={[this.props.style, fonts.big, scaled.big]}>
                {this.props.children}
            </Text>
        );
    }
}

var scaled = StyleSheet.create({
    big: { fontSize: width / scalingFactors.big }
});

export default HeadingText;
```

예제 10-8에 해당하는 <Input>은 리액트 네이티브에 내장된 <TextInput>
컴포넌트에 props 기본값과 state를 변경하는 콜백 함수들을 지정한 컴
포넌트이다.

예제 10-8 src_checkpoint_01/components/Input.js

```javascript
import React, { Component } from "react";
import { StyleSheet, TextInput, View } from "react-native";

import colors from "./../styles/colors";
import { fonts } from "./../styles/fonts";

class Input extends Component {
    constructor(props) {
        super(props);
        this.state = { text: "" };
    }

    _create = () => {
        this.props.onEntry(this.state.text);
```

```
            this.setState({ text: "" });
    };

    _onSubmit = ev => {
        this.props.onEntry(ev.nativeEvent.text);
        if (!!this.props.clearOnSubmit) {
            this.setState({ text: "" });
        }
    };

    _onChange = text => {
        this.setState({ text: text });
        if (this.props.onChange) {
            this.props.onChange(text);
        }
    };

    render() {
        return (
            <TextInput
                style={[
                    styles.nameField,
                    styles.wideButton,
                    fonts.normal,
                    this.props.style
                ]}
                ref="newDeckInput"
                multiline={false}
                autoCorrect={false}
                onChangeText={this._onChange}
                onSubmitEditing={this._onSubmit}
            />
        );
    }
}

export default Input;

const styles = StyleSheet.create({
    nameField: { backgroundColor: colors.tan, height: 60 },
    wideButton: { justifyContent: "center", padding: 10, margin: 10 }
});
```

예제 10-9에 해당하는 <LabledInput>은 <Input>과 <NormalText>를 합쳐
놓은 컴포넌트이다.

예제 10-9 src_checkpoint_01/components/LabeledInput.js

```
import React, { Component } from "react";

import { StyleSheet, View } from "react-native";

import Input from "./Input";
import NormalText from "./NormalText";

class LabeledInput extends Component {
    render() {
        return (
            <View style={styles.wrapper}>
                <NormalText style={styles.label}>
                    {this.props.label}:
                </NormalText>
                <Input
                    onEntry={this.props.onEntry}
                    onChange={this.props.onChange}
                    clearOnSubmit={this.props.clearOnSubmit}
                    style={this.props.inputStyle}
                />
            </View>
        );
    }
}

const styles = StyleSheet.create({
    label: { paddingLeft: 10 },
    wrapper: { padding: 5 }
});

export default LabeledInput;
```

10.2.3 스타일

컴포넌트를 재사용하는 것과 더불어 스타일시트도 재사용되는데 플래시카드 앱 전반에 걸쳐 재사용되는 스타일시트들은 styles 디렉터리에 위치한다. 이 파일들은 플래시카드 앱 개발 중에는 수정할 일이 없다.

우선, 기본 폰트 사이즈와 색상을 지정해주는 font.js부터 살펴보자 (예제 10-10).

예제 10-10 src_checkpoint_01/styles/fonts.js

```
import { StyleSheet } from "react-native";

const fonts = StyleSheet.create({
    normal: { fontSize: 24 },
    alternate: { fontSize: 50, color: "#FFFFFF" },
    big: { fontSize: 32, alignSelf: "center" }
});

const scalingFactors = { normal: 15, big: 10 };

module.exports = { fonts, scalingFactors };
```

두 번째로 colors.js에는 앱에서 공통적으로 사용되는 색상값이 지정되어 있다(예제 10-11).

예제 10-11 src_checkpoint_01/styles/colors.js

```
export default (palette = {
    pink: "#FDA6CD",
    pink2: "#d35d90",
    green: "#65ed99",
    tan: "#FFEFE8",
    blue: "#5DA9E9",
    gray1: "#888888"
});
```

10.2.4 데이터 모델

지금까지 플래시카드 앱이 어떻게 렌더링하는지 살펴보았다. 그렇다면 데이터는 어떻게 다뤄야 할까? 어떤 데이터가 계속 관리할 필요가 있고 이를 어떻게 구현해야 할까?

여기서 우리는 카드와 데크라는 두 가지 기본 모델을 생각해 볼 수 있다. 리뷰는 카드와 데크를 기준으로 구성되지만 따로 저장하지 않아도 된다. 앞으로 나올 클래스들은 데크와 카드 데이터 관리를 돕는 메서드를 제공한다. 따라서 순수 자바스크립트 객체를 직접 다룰 필요가 없게 된다.

예제 10-12에 해당하는 Deck 클래스는 이름 기반으로 데크를 생성한다. 각 데크는 카드 배열을 가지고 있다. 데크에 카드를 추가하는 메서드를 제공한다.

에제 10-12에서 알 수 있듯이 카드와 데크의 ID는 그 내용을 가지고 md5 모듈을 실행하여 ID를 생성하고 있다.

예제 10-12 src_checkpoint_01/data/Deck.js

```
import md5 from "md5";

class Deck {
    constructor(name) {
        this.name = name;
        this.id = md5("deck:" + name);
        this.cards = [];
    }

    setFromObject(ob) {
        this.name = ob.name;
        this.cards = ob.cards;
        this.id = ob.id;
    }

    static fromObject(ob) {
        let d = new Deck(ob.name);
        d.setFromObject(ob);
        return d;
    }

    addCard(card) {
        this.cards = this.cards.concat(card);
    }
}

export default Deck;
```

카드는 앞면과 뒷면에 대한 정보를 가지고 있고 특정 데크에 속하게 된다. 예제 10-13은 Card 클래스에 해당한다.

예제 10-13 src_checkpoint_01/data/Card.js

```
import md5 from "md5";

class Card {
    constructor(front, back, deckID) {
        this.front = front;
        this.back = back;
        this.deckID = deckID;
```

```
            this.id = md5(front + back + deckID);
        }

        setFromObject(ob) {
            this.front = ob.front;
            this.back = ob.back;
            this.deckID = ob.deckID;
            this.id = ob.id;
        }

        static fromObject(ob) {
            let c = new Card(ob.front, ob.back, ob.deckID);
            c.setFromObject(ob);
            return c;
        }
    }

export default Card;
```

QuizCardView는 질문, 답변을 위한 선택지, 정답 및 리뷰 방향(예를 들어 영어에서 스페인어 혹은 스페인어에서 영어)에 대한 정보로 구성된 실제 리뷰에 해당하는 컴포넌트이다(예제 10-14). 이 클래스는 카드를 이용하여 리뷰를 생성하는 메서드도 포함하고 있다.

예제 10-14 src_checkpoint_01/data/QuizCardView.js

```
import _ from "lodash";

class QuizCardView {
    constructor(orientation, cardID, prompt, correctAnswer, answers) {
        this.orientation = orientation;
        this.cardID = cardID;
        this.prompt = prompt;
        this.correctAnswer = correctAnswer;
        this.answers = answers;
    }
}

function mkReviews(cards) {
    var makeReviews = function(sideOne, sideTwo) {
        return cards.map(card => {
            let others = cards.filter(other => {
                return other.id !== card.id;
            });

            let answers = _.shuffle(
```

```
            [card[sideTwo]].concat(_.sampleSize(_.map(others, sideTwo), 3))
        );

        return new QuizCardView(
            sideOne,
            card.id,
            card[sideOne],
            card[sideTwo],
            answers
        );
    });
};

let reviews = makeReviews("front", "back").concat(
    makeReviews("back", "front")
);
return _.shuffle(reviews);
}

export { mkReviews, QuizCardView };
```

끝으로 앱 테스트 및 개발 단계에서 유용하게 사용할 목업 데이터를 제
공하는 목업 클래스를 만든다(예제 10-15).

예제 10-15 src_checkpoint_01/data/Mocks.js

```
import CardModel from "./Card";
import DeckModel from "./Deck";
import { mkReviews } from "./QuizCardView";

let MockCards = [
    new CardModel("der Hund", "the dog", "fakeDeckID"),
    new CardModel("das Kind", "the child", "fakeDeckID"),
    new CardModel("die Frau", "the woman", "fakeDeckID"),
    new CardModel("die Katze", "the cat", "fakeDeckID")
];

let MockCard = MockCards[0];
let MockReviews = mkReviews(MockCards);
let MockDecks = [new DeckModel("French"), new DeckModel("German")],

MockDecks.map(deck => {
    deck.addCard(new CardModel("der Hund", "the dog", deck.id));
    deck.addCard(new CardModel("die Katze", "the cat", deck.id));
    deck.addCard(new CardModel("das Brot", "the bread", deck.id));
    deck.addCard(new CardModel("die Frau", "the woman", deck.id));
    return deck;
```

```
});

let MockDeck = MockDecks[0];

export { MockReviews, MockCards, MockCard, MockDecks, MockDeck };
```

data 디렉터리에 있는 파일들은 플래시카드 앱 개발 과정에서는 수정할 일이 없다.

10.3 React-Navigation 사용하기

비록 아직 동작은 안 하지만 렌더링해야 할 다양한 화면으로 구성된 앱의 뼈대는 이미 만든 것이다. 이번에는 화면 전환을 구현해보자.

모바일 앱은 대개 여러 화면으로 구성되어 있고 그 화면을 전환하며 동작한다. 내비게이션 라이브러리는 이러한 화면 간 전환을 관리하고 개발자가 화면 간 관계를 지정할 수 있도록 해준다. 리액트 네이티브를 위한 다양한 내비게이션 라이브러리가 존재한다. 여기서는 react-community 깃허브 프로젝트[5]에 포함된 React Navigation을 사용할 것이다.

10.3.1 StackNavigator 생성하기

먼저 react-navigation를 프로젝트에 추가하자.

```
npm install --save react-navigation
```

React Navigation은 다양한 내비게이터를 제공한다. 내비게이터는 헤더와 같이 공통적이면서 설정 가능한 UI 요소를 렌더링해준다. 내비게이터에 따라 앱의 내비게이션 구조가 달라진다. 여기서는 한 번에 하나의 화면만을 보여주고 스택(stack) 형태로 화면을 전환하는 StackNavigator를 사용할 것이다. 이것은 모바일 앱에서 가장 많이 쓰이는 UI 패턴이라 할 수 있다.

---

5 *https://github.com/react-community*

TabNavigator나 DrawerNavigator처럼 React Navigation이 제공하는 다른 내비게이터들을 사용하면 조금은 다른 형태의 앱 구조를 갖추게 된다. 한 앱 내에서 여러 내비게이터를 적절히 혼합하여 사용할 수도 있다.

StackNavigator를 components/Flashcards.js에 임포트하자.

```
import { StackNavigator } from "react-navigation"
```

화면에 대한 정보를 StackNavigator 생성 시 지정해야 한다.[6]

```
let navigator = StackNavigator({
    Home: { screen: DeckScreen },
    Review: { screen: ReviewScreen },
    CardCreation: { screen: NewCardScreen }
});
```

Flashcards.js의 <Flashcards> 컴포넌트를 익스포트하는 대신에 내비게이터를 익스포트하도록 수정한다.

```
export default navigator;
```

10.3.2 navigation.navigate를 이용한 화면 전환

StackNavigator를 이용하면 뭐가 달라지는 것일까? 각 화면은 Stack Navigator에 의해 렌더링되며 이때 navigation이라는 특별한 props를 함께 전달받는다. 이는 다음과 같이 사용한다.

```
this.props.navigation.navigate("SomeRoute");
```

이렇게 실행하면 내비게이터는 넘겨받은 이름을 바탕으로 렌더링할 화면을 찾고 해당 화면으로 전환하게 된다. 이전 화면으로 돌아가고자 할 때는 나음과 같이 실행하면 된다.

```
this.props.navigation.goBack();
```

---

6 (옮긴이) react-navigation 2.0에서는 StackNavigator 생성 방법이 createStackNavigator 함수를 사용하도록 변경되었다.

<DeckScreen>에서 데크를 탭하면 <ReviewScreen>으로 전환하도록 <Deck
Screen>를 수정하자.

우선 <DeckScreen>에서 사용되는 <Deck> 컴포넌트를 살펴보자(예제
10-16).

예제 10-16 src_checkpoint_01/components/DeckScreen/Deck.js

```javascript
import React, { Component } from "react";
import { StyleSheet, View } from "react-native";

import DeckModel from "./../../data/Deck";
import Button from "./../Button";
import NormalText from "./../NormalText";
import colors from "./../../../styles/colors";

class Deck extends Component {
    static displayName = "Deck";

    _review = () => {
        console.warn("Not implemented");
    };

    _addCards = () => {
        console.warn("Not implemented");
    };

    render() {
        return (
            <View style={styles.deckGroup}>

                <Button style={styles.deckButton} onPress={this._review}>
                    <NormalText>
                        {this.props.deck.name}: {this.props.count} cards
                    </NormalText>
                </Button>

                <Button style={styles.editButton} onPress={this._addCards}>
                    <NormalText>+</NormalText>
                </Button>
            </View>
        );
    }
}

const styles = StyleSheet.create({
    deckGroup: {
```

```
        flexDirection: "row",
        alignItems: "stretch",
        padding: 10,
        marginBottom: 5
    },
    deckButton: { backgroundColor: colors.pink, padding: 10, margin: 0, flex: 1 },
    editButton: {
        width: 60,
        backgroundColor: colors.pink2,
        justifyContent: "center",
        alignItems: "center",
        alignSelf: "center",
        padding: 0,
        paddingTop: 10,
        paddingBottom: 10,
        margin: 0,
        flex: 0
    }
});

export default Deck;
```

Deck.js의 _review()를 수정하여 props의 review를 실행하도록 하자.

```
_review = () => {
    this.props.review();
}
```

이제 이 props는 데크의 이름이 적힌 버튼을 탭했을 때 실행될 것이다.

이번에는 DeckScreen/index.js를 수정하자.

_review 함수를 추가하자.

```
_review = () => {
    console.warn("Actual reviews not implemented");
    this.props.navigation.navigate("Review");
}
```

여기서 함수를 컴포넌트 클래스에 바인딩(bind)하기 위해 누꺼운 화살
표 함수 선언 문법을 사용했음을 주목하자. 리액트 라이프 사이클 메서
드는 컴포넌트 인스턴스에 자동으로 바인딩되지만 다른 메서드는 그렇
지 않기 때문이다.

<Deck>가 렌더링되는 부분에 필요한 props를 지정하자.

```
_mkDeckViews() {
    if (!this.state.decks) {
        return null;
    }

    return this.state.decks.map((deck) => {
        return (
            <Deck
                deck={deck}
                count={deck.cards.length}
                key={deck.id}
                review={this._review} />);
    });
}
```

앱을 실행하자. 데크를 탭하면 리뷰 화면으로 이동할 것이다. 잘했다!

10.3.3 navigationOptions을 이용한 헤더 설정하기

StackNavigator 생성 시 navigationOptions을 지정하여 렌더링되는 헤더를 설정할 수 있다.

Flashcards.js를 수정하여 몇 가지 기본 헤더 스타일 옵션을 지정해보자.

예제 10-17 src_checkpoint_02/components/Flashcards.js

```
import React, { Component } from "react";
import { StyleSheet, View } from "react-native";
import { StackNavigator } from "react-navigation";

import Logo from "./Header/Logo";
import DeckScreen from "./DeckScreen";
import NewCardScreen from "./NewCardScreen";
import ReviewScreen from "./ReviewScreen";

let headerOptions = {
    headerStyle: { backgroundColor: "#FFFFFF" },
    headerLeft: <Logo />
};

let navigator = StackNavigator({
    Home: { screen: DeckScreen, navigationOptions: headerOptions },
    Review: { screen: ReviewScreen, navigationOptions: headerOptions },
    CardCreation: { screen: NewCardScreen, navigationOptions: headerOptions }
});
```

```
export default navigator;
```

추가적으로 DeckScreen/index.js 파일에서도 몇 가지 navigation
Options을 지정해보자.

```
class DecksScreen extends Component {

    static navigationOptions = {
        title: 'All Decks'
    };

    ...
}
```

title을 지정하면 StackNavigator 헤더의 제목이 바뀐다.

앱을 실행하여 수정한 내용이 반영되었는지 확인해보자(그림 10-6).

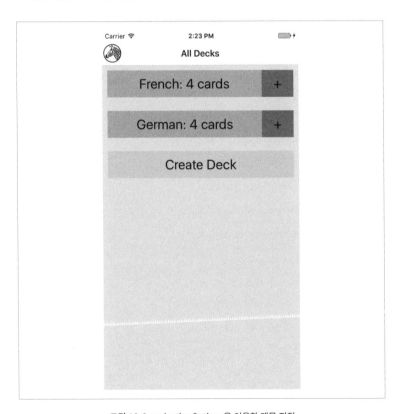

그림 10-6 navigationOptions을 이용한 제목 지정

10.3.4 나머지 구현하기

StackNavigator를 적용했으니 앱의 나머지를 구현할 차례이다. 특히, 다음 상호작용을 구현해보자.

- <DeckScreen>에서 탭하면 <ReviewScreen>으로 이동
- <DeckScreen>에서 + 모양 버튼 탭하면 <NewCardScreen>으로 이동
- <NewCardScreen>에서 Done 버튼 탭하면 <DeckScreen>으로 돌아가기
- <NewCardScreen>의 Create Card 탭하면 초기화된 <NewCardScreen>으로 이동
- <NewCardScreen>의 Review Deck 탭하면 <ReviewScreen>으로 이동
- <ReviewScreen>의 Stop Reviewing을 탭하면 <DeckScreen>으로 돌아가기
- <ReviewScreen>의 Done을 탭하면 <DeckScreen>으로 돌아가기
- <DeckScreen>의 데크 생성 이후 <NewCardScreen>으로 이동

이번 장에서 변경한 코드는 깃허브[7]에 공개되어 있다. 변경한 파일은 다음과 같다.

- components/DeckScreen/Deck.js
- components/DeckScreen/DeckCreation.js
- components/DeckScreen/index.js
- components/NewCardScreen/index.js
- components/ReviewScreen/index.js
- components/Flashcards.js
- components/Header/Logo.js

---

7 *https://github.com/bonniee/learning-react-native/tree/2.0.0/src/flashcards/src_checkpoint_02*

10.4 요약

리액트 네이티브로 더 큰 규모의 앱을 만드는 것은 어려운 과제로 느껴질 수 있다. 이전 장에서 리액트 네이티브 앱을 빌드하는 데 필요한 사항을 살펴보았고 이번 장에서는 지금까지 배운 내용을 종합하여 플래시카드 앱을 만들어보았다. 그리고 React Navigation 라이브러리를 이용하여 다양한 화면을 일관된 사용자 환경에 녹여낼 수 있었다.

다음 장에서는 state 관리 라이브러리인 리덕스(Redux)를 적용하고 앱이 재시작해도 state가 유지되도록 AsyncStorage도 사용하여 더 나은 플래시카드 앱을 만들어보자.

11장

대규모 애플리케이션에서의 State 관리

10장에서 플래시카드 앱을 만들어가면서 규모가 큰 앱의 구조에 대해 이야기했다. 리액트 앱의 덩치가 커감에 따라 일반적으로 부딪히는 문제가 바로 state 관리이다. 리액트 네이티브에서도 다를 게 없다. 규모가 클수록 state 관리 라이브러리는 더 도움이 된다. 이번 장에서는 데이터 흐름 관리를 도와주는 리덕스(Redux) 라이브러리를 플래시카드 앱에 적용할 것이다. 또한 AsyncStorage와 리덕스 스토어를 연동할 것이다.

11.1 리덕스 사용한 State 관리

리덕스는 플럭스(Flux) 데이터 흐름 패턴과 함수형 프로그래밍 개념을 기반으로 작성되었다. 이 책에서 지금까지 다루었던 프로젝트들은 데이터 흐름 관리가 필요할 만한 규모는 아니었다. 소규모 앱에서 컴포넌트 간에 데이터를 주고받는 것은 어떤 방법으로 구현해도 크게 문제가 되지 않는다. 버튼을 탭했을 때 부모 컴포넌트의 state에 영향을 주는 상황을 생각해보자.

```
class Child extends Component {
    render() {
        <TouchableOpacity onPress={this.props.onPress}>
```

```
                <Text>Child Component</Text>
            </TouchableOpacity>
        }
    }
```

부모 컴포넌트가 자식 컴포넌트에게 콜백 함수를 넘겨서 자식 컴포넌트
에서 발생한 사용자 상호작용을 알아차릴 수 있다.

```
class Parent extends Component {
    constructor(props) {
        super(props);
        this.initialState = { numTaps: 0 };
    }

    _handlePress = () => {
        this.setState({numTaps: this.state.numTaps + 1});
    }

    render() {
        <Child onPress={this._handlePress}/>
    }
}
```

단순한 예에 해당하는 이 패턴은 정상적으로 동작한다.

더 복잡한 상호작용을 구현하려 할 때는 체계적인 데이터 흐름 관리
가 절실해진다. 컴포넌트 계층구조에서 상당히 하위에 있는 컴포넌트
가 상위에 있는 컴포넌트의 state에 영향을 줘야 할 때를 생각해보자.
앞선 예처럼 콜백 방식을 사용하면 콜백을 통해 state를 전달하는 코드
를 반복적으로 작성해야 하다 보니 코드가 지저분해지기 십상이다. 활
성화된 경로(route), 사용자 상호작용 다루기, 서버에서 가져온 데이터,
애니메이션 변화 등 앱이 관리해야 할 state가 많아지면 복잡도는 증가
하고 연속적으로 이어지는 state 변화를 예측할 수 없게 된다.

앱의 state를 예측 가능하게 하고 이를 관리하기 쉽게 하기 위한 라이
브러리가 많이 존재한다. 리덕스는 그중 하나이다.

리덕스에서 state는 하나의 객체, 즉 앱에 유일한 하나의 스토어로 존
재한다. 리덕스의 state에 따라 렌더링해야 하는 컴포넌트는 스토어에
연결하여 state를 props로 전달받을 수 있다. 컴포넌트는 이 state를 직

접 수정하지 못한다.

state의 변경은 미리 정의된 액션을 통해서 이루어진다. 하나의 리듀서(reducer)는 이전의 state와, 액션을 통해 받은 정보를 바탕으로 새로운 state를 계산한다. 결국 state가 어떻게, 언제 변경되는지에 대한 로직은 한 곳에만 존재하게 되어 디버깅이 편리해진다.

이 모든 것은 이론적인 설명만을 보기보단 직접 작성하다 보면 이해하기 쉬울 것이다. 리덕스를 설치하고 이를 어떻게 플래시카드 앱에 추가하는지 살펴보자. redux 패키지는 물론이고 리덕스와 리액트를 연결해주는 react-redux 패키지를 설치해야 한다.

```
npm install --save redux react-redux
```

11.2 액션(Action)

첫 번째로 해야 할 일은 state 변화를 이끌어 내는 액션(action)의 종류를 선언하는 것이다. 각 액션을 구분하기 위한 문자열 상수를 만들자(예제 11-1).

예제 11-1 src_checkpoint_03/actions/types.js

```js
export const ADD_DECK = "ADD_DECK";
export const ADD_CARD = "ADD_CARD";
export const REVIEW_DECK = "REVIEW_DECK";
export const STOP_REVIEW = "STOP_REVIEW";
export const NEXT_REVIEW = "NEXT_REVIEW";
```

이 액션들은 모두 카드 및 데크 추가, 리뷰의 시작과 종료와 같은 사용자 상호작용이자 앱의 기본 기능에 해당한다.

리덕스의 액션은 type이라는 키를 가지고 있는 자바스크립트 객체이며 옵션으로 추가적인 데이터를 가질 수 있다. 이 객체는 액션 생성자를 통해 생성하는 것이 좋다(예제 11-2). 이론적으로 액션 생성자를 꼭 별도의 파일에 작성해야 하는 것은 아니지만 이러한 코드를 하나의 파일로 관리하면 리액트 컴포넌트를 깔끔하게 유지할 수 있고 액션 정의를 빨리 찾을 수 있다.

예제 11-2 src_checkpoint_03/actions/creators.js

```js
import {
    ADD_DECK,
    ADD_CARD,
    REVIEW_DECK,
    STOP_REVIEW,
    NEXT_REVIEW
} from "./types";

import Card from "../data/Card";
import Deck from "../data/Deck";

export const addDeck = name => {
    return { type: ADD_DECK, data: new Deck(name) };
};

export const addCard = (front, back, deckID) => {
    return { type: ADD_CARD, data: new Card(front, back, deckID) };
};

export const reviewDeck = deckID => {
    return { type: REVIEW_DECK, data: { deckID: deckID } };
};

export const stopReview = () => {
    return { type: STOP_REVIEW, data: {} };
};

export const nextReview = () => {
    return { type: NEXT_REVIEW, data: {} };
};
```

여러 가지 방법으로 이런 액션 생성자에 추가적인 편의 기능을 넣을 수
도 있다. 예를 들어 addDeck 액션 생성자는 데크 이름만 파라미터로 받
고 내부에서 실제 데크를 생성하는 일을 한다.

11.3 리듀서(Reducer)

액션은 앱에서 일어나는 일에 해당한다. 리듀서는 이러한 액션에 따라
어떻게 앱 state가 바뀌어야 할지 나타낸 것이다. 리듀서는 사이드 이
펙트 없이 온전히 입력에 따라 결과가 결정되는 '순수 함수'이다. (예를

들어 Math.ramdom을 리듀서에서 호출하면 안 된다.)[1]

다음은 가장 단순한 리듀서의 형태이다.

```
const reducer = (state = {}, action) => {
    return state;
}
```

생성할 state는 두 가지 정보를 가지고 있는데 하나는 데크의 배열이고 다른 하나는 현재 리뷰에 대한 정보이다. state 기본값은 다음과 같다.

```
decks: [],
currentReview: {
    deckID = null,
    questions = [],
    currentQuestionIndex = 0
}
```

이제 ADD_DECK에 해당하는 리듀서를 작성해보자. actions/creators.js의 다음 액션을 살펴보자.

```
{
    type: ADD_DECK,
    data: new Deck(name)
}
```

데크를 위한 리듀서를 작성하고 싶다면 다음과 같은 형태로 만들면 된다.

```
const decksReducer = (state = [], action) => {
    // returns some state
}
```

액션을 통해 받은 생성된 데크를 기존 state에 추가하는 deckReducer를 구현해보자.

```
const deckReducer = (state = [], action) => {
    switch (action.type) {
```

---

1 (옮긴이) 다시 말해 순수 함수는 입력이 같으면 항상 같은 결과를 내는 함수를 말한다. 함수 결과를 만듦에 있어 입력 외에 외부적인 요인이 영향을 미치면 안 된다.

```
        case ADD_DECK:
            return state.concat(action.data);
    }
    return state;
}
```

우선, 액션 종류에 따라 switch 구문이 실행되도록 하자. 여기서는 **ADD_DECK** 액션만 다룰 것이다. 그 외 다른 경우에는 기존 **state**를 그대로 리턴한다. 기본적인 경우(default case)에 대한 처리를 꼭 구현해야 함을 잊지 말자.

액션 종류가 **ADD_DECK**일 경우 새로운 데크를 기존 데크 **state**에 합쳐서 리턴한다.

deckReducer의 나머지를 구현하자(예제 11-3).

예제 11-3 src_checkpoint_03/reducers/decks.js

```javascript
import { ADD_DECK, ADD_CARD } from "../actions/types";

function decksWithNewCard(oldDecks, card) {
    return oldDecks.map(deck => {
        if (deck.id === card.deckID) {
            deck.addCard(card);
            return deck;
        } else {
            return deck;
        }
    });
}

const reducer = (state = [], action) => {
    console.warn("Changes are not persisted to disk");

    switch (action.type) {
        case ADD_DECK:
            return state.concat(action.data);
        case ADD_CARD:
            return decksWithNewCard(state, action.data);
    }
    return state;
};

export default reducer;
```

다음으로 리뷰에 대한 리듀서를 살펴보자(예제 11-4). 이 리듀서는 REVIEW_DECK, NEXT_REVIEW 그리고 STOP_REVIEW 액션을 처리한다. STOP_REVIEW에 대한 처리는 단순하다. state를 초기 상태로 돌려놓으면 된다. NEXT_REVIEW의 경우 review 인덱스를 증가시키면 된다. REVIEW_DECK일 경우는 데크의 카드 정보를 가져와서 이를 기반으로 질문을 생성해야 하기에 좀 더 복잡하다.

예제 11-4 src_checkpoint_03/reducers/reviews.js

```javascript
import { mkReviews } from "./../data/QuizCardView";
import { REVIEW_DECK, NEXT_REVIEW, STOP_REVIEW } from "./../actions/types";

export const mkReviewState = (
    deckID = null,
    questions = [],
    currentQuestionIndex = 0
) => {
    return { deckID, questions, currentQuestionIndex };
};

function findDeck(decks, id) {
    return decks.find(d => {
        return d.id == id;
    });
}

function generateReviews(deck) {
    return mkReviewState(deck.id, mkReviews(deck.cards), 0);
}

function nextReview(state) {
    return mkReviewState(
        state.deckID,
        state.questions,
        state.currentQuestionIndex + 1
    );
}

const reducer = (state = mkReviewstate(), action, decks) => {
    switch (action.type) {
        case REVIEW_DECK:
            return generateReviews(findDeck(decks, action.data.deckID));
        case NEXT_REVIEW:
            return nextReview(state);
        case STOP_REVIEW:
```

```
            return mkReviewState();
    }
    return state;
};

export default reducer;
```

이 리듀서는 데크의 정보에 따라 하는 일이 달라진다. 그렇다 보니 decks
Reducer와 조금 다른 형태이다.

　자, 이제 모든 것을 합치자. 리덕스에서는 스토어(store)에 대한 하나
의 리듀서만 연결할 수 있다. 따라서 리듀서들을 하나의 리듀서로 합쳐
야 연결할 수 있다(예제 11-5).

예제 11-5 src_checkpoint_03/reducers/index.js

```
import { MockDecks, MockCards } from "./../data/Mocks";

import DecksReducer from "./decks";
import ReviewReducer, { mkReviewState } from "./reviews";

const initialState = () => {
    return { decks: MockDecks, currentReview: mkReviewState() };
};

export const reducer = (state = initialState(), action) => {
    let decks = DecksReducer(state.decks, action);

    return {
        decks: decks,
        currentReview: ReviewReducer(state.currentReview, action, decks)
    };
};
```

지금까지 리덕스 코드만을 작성했다. 다음은 실제 앱에 적용하는 코드
를 작성해보자.

11.4 리덕스 연결하기

state가 유일하게 존재하는 리덕스 스토어에 들어있도록 어떻게 만들
것인가? 앱의 최상위 컴포넌트에 해당하는 components/Flashcard.js를
열고 스토어를 생성하자.

리덕스의 `createStore`와 `reducers/index.js`에 작성한 리듀서를 임포트한다. 그 다음 스토어를 생성한다.

```
import { createStore } from "redux";
import { reducer } from "../reducers/index";

let store = createStore(reducer);
```

앱에서 이 스토어를 사용하려면 <Provider> 컴포넌트를 추가해야 한다.

앱 최상위 컴포넌트를 <Provider>로 감싸면 최상위 컴포넌트 하위 계층에 있는 모든 컴포넌트에서 리덕스 스토어에 접근할 수 있다. 리덕스의 state는 읽기 전용으로 컴포넌트 계층 안에서는 아무 때나 state의 값을 읽어와도 무방하다는 점을 꼭 기억하자. <Provider>는 react-redux 패키지에서 제공한다.

코드를 작성해보자. 예제 11-6은 리덕스 스토어를 통합한 이후의 전체 컴포넌트 코드이다.

예제 11-6 src_checkpoint_03/components/Flashcards.js

```
import React, { Component } from "react";
import { StyleSheet, View } from "react-native";
import { StackNavigator } from "react-navigation";
import { createStore } from "redux";
import { Provider } from "react-redux";

import { reducer } from "../reducers/index";

import Logo from "./Header/Logo";
import DeckScreen from "./DeckScreen";
import NewCardScreen from "./NewCardScreen";
import ReviewScreen from "./ReviewScreen";

let store = createStore(reducer);

let headerOptions = {
    headerStyle: { backgroundColor: "#FFFFFF" },
    headerLeft: <Logo />
};

const Navigator = StackNavigator({
    Home: { screen: DeckScreen, navigationOptions: headerOptions },
    Review: { screen: ReviewScreen, navigationOptions: headerOptions },
```

```
        CardCreation: {
            screen: NewCardScreen,
            path: "createCard/:deckID",
            navigationOptions: headerOptions
        }
    });

    class App extends Component {
        render() {
            return (
                <Provider store={store}>
                    <Navigator />
                </Provider>
            );
        }
    }

    export default App;
```

이제 리덕스를 통합했으니 리덕스 스토어의 데이터를 이용하여 렌더링
해보자. 먼저 <DecksScreen> 컴포넌트가 리덕스 스토어의 데이터을 사
용하여 화면을 구성하도록 해보자.

　리덕스 스토어와 컴포넌트를 연결하려면 react-redux의 connect 함
수를 이용하여 연결해야 한다.

```
    import { connect } from "react-redux"
```

mapStateToProps와 mapDispatchToProps 함수를 정의할 필요가 있다.

　mapStateToProps는 리덕스 스토어 state를 어떻게 이 컴포넌트의
props로 전달할지를 결정한다. state는 데크의 배열을 포함하고 있다.
여기서 카드 개수를 계산하여 별도의 props로 전달받을 수 있다.

```
    const mapStateToProps = state => {
        return {
            decks: state.decks,
            counts: state.decks.reduce(
                (sum, deck) => {
                    sum[deck.id] = deck.cards.length;
                    return sum;
                },
                {}
            )
```

```
    };
  };
```

mapDispatchToprops는 액션을 디스패치(dispatch)할 때 사용할 props를
결정한다. 여기서 액션 생성자를 불러와서 실행하게 된다.

```
import { addDeck, reviewDeck } from "./../../actions/creators";
...
const mapDispatchToProps = dispatch => {
    return {
        createDeck: deckAction => {
            dispatch(deckAction);
        },
        reviewDeck: deckID => {
            dispatch(reviewDeck(deckID));
        }
    };
};
```

마지막으로 connect()를 실행하여 리덕스와 연결된 컴포넌트를 생성하
면 된다.

```
export default connect(mapStateToProps, mapDispatchToProps)(DecksScreen);
```

정리하자면 이 모든 것을 통해 새로운 props(reviewDeck, createDeck,
decks 그리고 counts)를 사용할 수 있게 되었다. <DecksScreen>은 리덕
스로부터 받은 props를 사용하여 렌더링하게 되고 state를 직접 수정하
는 대신에 리덕스 액션을 디스패치하게 된다(예제 11-7).

예제 11-7 src_checkpoint_03/components/DeckScreen/index.js

```
import React, { Component } from "react";
import { View } from "react-native";

import { connect } from "react-redux";

import { MockDecks } from "./../../data/Mocks";
import { addDeck, reviewDeck } from "./../../actions/creators";
import Deck from "./Deck";
import DeckCreation from "./DeckCreation";

class DecksScreen extends Component {
    static displayName = "DecksScreen";
```

```
static navigationOptions = { title: "All Decks" };

_createDeck = name => {
    let createDeckAction = addDeck(name);
    this.props.createDeck(createDeckAction);
    this.props.navigation.navigate("CardCreation", {
        deckID: createDeckAction.data.id
    });
};

_addCards = deckID => {
    this.props.navigation.navigate("CardCreation", { deckID: deckID });
};

_review = deckID => {
    this.props.reviewDeck(deckID);
    this.props.navigation.navigate("Review");
};

_mkDeckViews() {
    if (!this.props.decks) {
        return null;
    }

    return this.props.decks.map(deck => {
        return (
            <Deck
                deck={deck}
                count={this.props.counts[deck.id]}
                key={deck.id}
                add={() => {
                    this._addCards(deck.id);
                }}
                review={() => {
                    this._review(deck.id);
                }}
            />
        );
    });
}

render() {
    return (
        <View>
            {this._mkDeckViews()}
            <DeckCreation create={this._createDeck} />
        </View>
    );
}
```

```
    }

const mapDispatchToProps = dispatch => {
    return {
        createDeck: deckAction => {
            dispatch(deckAction);
        },
        reviewDeck: deckID => {
            dispatch(reviewDeck(deckID));
        }
    };
};

const mapStateToProps = state => {
    return {
        decks: state.decks,
        counts: state.decks.reduce(
            (sum, deck) => {
                sum[deck.id] = deck.cards.length;
                return sum;
            },
            {}
        )
    };
};

export default connect(mapStateToProps, mapDispatchToProps)(DecksScreen);
```

대개 리덕스나 이와 비슷한 라이브러리를 적용할 때 this.state를 직접 접근하거나 변경하지 않는 것이 일반적인 패턴이다. state보다는 props 에 의해 컴포넌트가 변하도록 하는 것이 복잡도가 높아지는 앱을 관리 하기 더 쉽다.

<NewCardScreen>과 <ReviewScreen> 컴포넌트에도 비슷한 수정 을 해야 한다. 각각 예제 11-8과 11-9에 해당한다. 각 컴포넌트마다 mapDispatchToProps와 mapStateToProps도 구현되어 있다.

예제 11-8 src_checkpoint_03/components/NewCardScreen/index.js

```
import React, { Component } from "react";
import { StyleSheet, View } from "react-native";

import DeckModel from "./../../data/Deck";
import { addCard } from "./../../actions/creators";
import { connect } from "react-redux";
```

```
import Button from "../Button";
import LabeledInput from "../LabeledInput";
import NormalText from "../NormalText";
import colors from "./../../styles/colors";

class NewCard extends Component {
    static navigationOptions = { title: "Create Card" };

    static initialState = { front: "", back: "" };

    constructor(props) {
        super(props);
        this.state = this.initialState;
    }

    _deckID = () => {
        return this.props.navigation.state.params.deckID;
    };

    _handleFront = text => {
        this.setState({ front: text });
    };

    _handleBack = text => {
        this.setState({ back: text });
    };

    _createCard = () => {
        this.props.createCard(this.state.front, this.state.back, this._deckID());
        this.props.navigation.navigate("CardCreation", { deckID: this._deckID() });
    };

    _reviewDeck = () => {
        this.props.navigation.navigate("Review");
    };

    _doneCreating = () => {
        this.props.navigation.navigate("Home");
    };

    render() {
        return (
            <View>
                <LabeledInput
                    label="Front"
                    clearOnSubmit={false}
                    onEntry={this._handleFront}
                    onChange={this._handleFront}
                />
```

```
            <LabeledInput
                label="Back"
                clearOnSubmit={false}
                onEntry={this._handleBack}
                onChange={this._handleBack}
            />

            <Button style={styles.createButton} onPress={this._createCard}>
                <NormalText>Create Card</NormalText>
            </Button>

            <View style={styles.buttonRow}>
                <Button style={styles.secondaryButton}
                    onPress={this._doneCreating}>
                    <NormalText>Done</NormalText>
                </Button>

                <Button style={styles.secondaryButton}
                    onPress={this._reviewDeck}>
                    <NormalText>Review Deck</NormalText>
                </Button>
            </View>
        </View>
        );
    }
}

const styles = StyleSheet.create({
    createButton: { backgroundColor: colors.green },
    secondaryButton: { backgroundColor: colors.blue },
    buttonRow: { flexDirection: "row" }
});

const mapStateToProps = state => {
    return { decks: state.decks };
};

const mapDispatchToProps = dispatch => {
    return {
        createCard: (front, back, deckID) => {
            dispatch(addCard(front, back, deckID));
        }
    };
};

export default connect(mapStateToProps, mapDispatchToProps)(NewCard);
```

예제 11-9 src_checkpoint_03/components/ReviewScreen/index.js

```
import React, { Component } from "react";
import { StyleSheet, View } from "react-native";

import { connect } from "react-redux";
import ViewCard from "./ViewCard";
import { mkReviewSummary } from "./ReviewSummary";
import colors from "./../../styles/colors";
import { reviewCard, nextReview, stopReview } from "./../../actions/creators";

class ReviewScreen extends Component {
    static displayName = "ReviewScreen";

    static navigationOptions = { title: "Review" };

    constructor(props) {
        super(props);
        this.state = { numReviewed: 0, numCorrect: 0 };
    }

    onReview = correct => {
        if (correct) {
            this.setState({ numCorrect: this.state.numCorrect + 1 });
        }
        this.setState({ numReviewed: this.state.numReviewed + 1 });
    };

    _nextReview = () => {
        this.props.nextReview();
    };

    _quitReviewing = () => {
        this.props.stopReview();
        this.props.navigation.goBack();
    };

    _contents() {
        if (!this.props.reviews || this.props.reviews.length === 0) {
            return null;
        }

        if (this.props.currentReview < this.props.reviews.length) {
            return (
                <ViewCard
                    onReview={this.onReview}
                    continue={this._nextReview}
                    quit={this._quitReviewing}
                    {...this.props.reviews[this.props.currentReview]}
```

```
                />
            );
        } else {
            let percent = this.state.numCorrect / this.state.numReviewed;
            return mkReviewSummary(percent, this._quitReviewing);
        }
    }

    render() {
        return (
            <View style={styles.container}>
                {this._contents()}
            </View>
        );
    }
}

const styles = StyleSheet.create({
    container: { backgroundColor: colors.blue, flex: 1, paddingTop: 24 }
});

const mapDispatchToProps = dispatch => {
    return {
        nextReview: () => {
            dispatch(nextReview());
        },
        stopReview: () => {
            dispatch(stopReview());
        }
    };
};

const mapStateToProps = state => {
    return {
        reviews: state.currentReview.questions,
        currentReview: state.currentReview.currentQuestionIndex
    };
};

export default connect(mapStateToProps, mapDispatchToProps)(ReviewScreen);
```

11.5 AsyncStorage를 이용한 영속적인 데이터 저장

현재는 플래시카드 앱의 state가 유지되지 않기 때문에 앱을 재시작하게 되면 생성한 데크와 카드는 사라진다. 앱의 state를 AsyncStorage로 저장하여 앱 재시작과 상관없이 계속 유지되도록 만들어보자.

이 예제는 리덕스가 얼마나 근사한지 보여주는 예제라 할 수 있다. 왜냐하면 state를 관리하는 로직이 전부 한곳에 모여있기 때문에 리덕스를 사용하지 않았을 때보다 앱 수정이 훨씬 간편하다.

state를 디스크에 영속적으로 저장하는 읽기·쓰기 코드를 작성할 파일을 추가하자(예제 11-10). AsyncStorage.getItem와 AsyncStorage.setItem 모두 비동기 API라는 점을 주의하자.

예제 11-10 src_checkpoint_04/storage/decks.js

```
import { AsyncStorage } from "react-native";
import Deck from "./../data/Deck";
export const DECK_KEY = "flashcards:decks";
import { MockDecks } from "./../data/Mocks";

async function read(key, deserializer) {
    try {
        let val = await AsyncStorage.getItem(key);
        if (val !== null) {
            let readValue = JSON.parse(val).map(serialized => {
                return deserializer(serialized);
            });
            return readValue;
        } else {
            console.info(${key} not found on disk.);
        }
    } catch (error) {
        console.warn("AsyncStorage error: ", error.message);
    }
}

async function write(key, item) {
    try {
        await AsyncStorage.setItem(key, JSON.stringify(item));
    } catch (error) {
        console.error("AsyncStorage error: ", error.message);
    }
}

export const readDecks = () => {
    return read(DECK_KEY, Deck.fromObject);
};

export const writeDecks = decks => {
    return write(DECK_KEY, decks);
```

```
};

// For debug/test purposes.
const replaceData = writeDecks(MockDecks);
```

리덕스는 decks와 currentReview라는 두 가지 state를 가지고 있다. currentReview는 일시적인 정보에 해당하므로 decks만 저장하면 된다.

decks를 AsyncStorage에 읽고 쓸 손쉬운 방법이 있다. 우선 예제 11-11과 같이 actions/types.js에 LOAD_DATA 액션을 추가한다.

예제 11-11 새로운 액션 타입을 src_checkpoint_04/actions/types.js에 추가

```
export const LOAD_DATA = "LOAD_DATA";
```

이에 수반하는 액션 생성자도 actions/creators.js에 만든다(예제 11-12).

예제 11-12 새로운 액션 생성자를 src_checkpoint_04/actions/creators.js에 추가

```
export const loadData = data => {
    return { type: LOAD_DATA, data: data };
};
```

다음으로 스토어가 생성된 다음에 디스크로부터 데이터를 불러오도록 Flashcards.js를 수정한다.

```
import { readDecks } from "../storage/decks";
import { loadData } from "../actions/creators";

...

let store = createStore(reducer);

// On application start, read saved state from disk.
readDecks().then(decks => {
    store.dispatch(loadData(decks));
});
```

액션을 디스패치할 준비를 했으니 이 LOAD_DATA 액션을 처리하도록 데크 리듀서를 수정해야 한다. 또한 이 리듀서가 ADD_CARD와 ADD_DECK 액션을 처리할 때도 decks state를 AsyncStorage에 저장하도록 해야 한다 (예제 11-13).

예제 11-13 state를 저장하도록 src_checkpoint_04/reducers/decks.js를 수정

```
import { ADD_DECK, ADD_CARD, LOAD_DATA } from "../actions/types";
import Deck from "./../data/Deck";
import { writeDecks } from "./../storage/decks";

function decksWithNewCard(oldDecks, card) {
    let newState = oldDecks.map(deck => {
        if (deck.id === card.deckID) {
            deck.addCard(card);
            return deck;
        } else {
            return deck;
        }
    });
    saveDecks(newState);
    return newState;
}

function saveDecks(state) {
    writeDecks(state);
    return state;
}

const reducer = (state = [], action) => {
    switch (action.type) {
        case LOAD_DATA:
            return action.data;
        case ADD_DECK:
            let newState = state.concat(action.data);
            saveDecks(newState);
            return newState;
        case ADD_CARD:
            return decksWithNewCard(state, action.data);

    }
    return state;
};

export default reducer;
```

벌써 다했다! state를 리덕스로 관리하고 있기 때문에 데크 리듀서만 수정해도 관련된 모든 state 변화를 AsyncStorage에 영속적으로 저장할 수 있다.

11.6 요약 그리고 숙제

리덕스류의 state 관리 라이브러리의 단점으로 많이 언급되는 것 중의 하나는 너무 많은 보일러플레이트 코드가 앱에 추가된다는 것이다. 실제로도 이번 장에서 리덕스를 플래시카드 앱에 적용하기 위해 많은 파일을 새로 생성했다. 이러한 보일러플레이트 구조에서는 컴포넌트 내부에서 state를 변경하지 않고 리듀서에서 액션에 따라 state가 변하도록 구현하게 된다. 이 방식은 복잡한 state의 변화도 관리하기 쉽다. 리덕스에서는 state 관련 버그가 발생하기 어려운 구조이다. 게다가 타임트레블 디버깅도 가능하다. 앞서 AsyncStorage를 적용할 때 보았듯이 추가적인 변경사항을 훨씬 쉽게 구현할 수 있다.

어떤 state 관리 라이브러리를 사용하는지는 중요하지 않다. 대규모의 앱을 구조화하는 데는 여러 가지 방법이 있을 수 있다. 대규모 리액트 앱을 state 관리 없이 개발하다 보면 결국 state 변경 관련 다양한 버그를 만나게 되고 이미 구현한 컴포넌트는 수정하는 게 어려워지는 문제에 봉착하게 될 것이다. 이것이 바로 state와 데이터 흐름 관리에 신경을 더 많이 써야 한다는 신호이다.

플래시카드 앱은 참고를 위한 앱이다. 이 앱은 최소한의 기능만 있는 프로젝트이다 보니 개선할 여지가 상당히 많다. 그럼에도 불구하고 이 앱에는 자세히 살펴볼 만한 코드가 상당히 많으니 시간을 내서 파헤쳐 보길 바란다.

리액트 네이티브를 더 연습하기 원한다면 플래시카드 앱을 깃허브 저장소에서 내려받아서 확장해보자. 다음은 앱을 개선해볼 만한 아이디어들이다.

- 데크 삭제 기능
- 데크에 들어 있는 모든 카드를 볼 수 있는 화면 추가
- 누적된 리뷰 결과에 대한 통계 보여주기
- 다른 스타일 적용해보기

결론

축하한다! 여기까지 잘 따라왔다.

여러분의 첫 번째 'Hello, World' 리액트 네이티브 앱을 생성하는 것에서부터 iOS와 안드로이드에서 모든 코드를 재사용하면서 더 복잡하고 모든 기능을 갖춘 앱에 이르기까지 전 과정을 살펴봤다. 먼저 리액트 네이티브 기본 컴포넌트와 스타일 적용 방법을 다루었다. 또한 AsyncStorage와 Geolocation API 같은 플랫폼 네이티브 API나 터치 API를 어떻게 다루는지도 배웠다. 개발자 도구를 이용하여 리액트 네이티브 앱을 디버깅하는 방법과 실제 디바이스에 앱을 배포하는 방법도 다루었다. 리액트 네이티브 라이브러리에서 제공하지 않는 기능을 사용하기 위해 네이티브 오브젝티브-C와 자바 모듈을 사용하는 방법과 npm을 이용한 서드파티 자바스크립트 라이브러리 사용법도 살펴보았다.

자바스크립트와 리액트에 대한 경험을 바탕으로 이 책에서 배운 내용을 활용한다면 빠르고 효과적으로 iOS와 안드로이드에서 동작하는 크로스 플랫폼 모바일 앱을 만들 수 있을 것이다. 물론 앞으로도 배워야 할 내용은 많고 이 한 권의 책으로 리액트 네이티브를 사용하여 모바일 앱을 만들기 위해 알아야 하는 모든 내용 다 알려줄 수도 없다. 개발하다가 막히거나 궁금한 점이 있다면 커뮤니티나 스택오버플로 혹은 IRC[1]를 활용하자.

이 책과 관련된 추가적인 정보를 얻고 싶다면 LearningReactNative.com을 방문하여 Learning React Native 메일링 리스트에 가입하자. 트위터 @brindelle 계정으로 연락해도 좋다.

마지막으로 이 말을 하고 싶다. 즐겨라! 여러분이 어떤 앱을 만들지 너무 기대된다.

---

1   *http://irc.lc/freenode/reactnative*

부록 A

모던 자바스크립트 문법

이 책에 수록된 예제 코드 중 일부는 모던 자바스크립트 문법을 사용한다. 이러한 문법에 익숙하지 않아도 걱정 말라. 대부분 여러분이 익숙한자바스크립트가 그대로 변형된 것이다.

ECMAScript 5(ES5)는 광범위하게 쓰이는 자바스크립트 언어 스펙(specification)이다. 하지만 ES6과 ES7 이상 버전에는 많은 컴파일 언어의 기능이 포함되어 있다. 리액트 네이티브는 자바스크립트와 JSX 코드를 변형해주는 바벨(Babel)이라는 자바스크립트 컴파일러를 사용한다. 바벨의 기능 중의 하나는 ES5 기반 자바스크립트 환경에서 새로운스타일의 문법을 사용할 수 있게 해준다. 즉, ES6 그 이상의 스펙에 추가된 기능을 리액트 코드 작성 시 사용할 수 있다.

A.1 let과 const

ES6 이전의 자바스크립트에서는 var를 이용하여 변수를 선언한다.

ES6에서는 let과 const라는 두 가지 새로운 변수 선언 방법이 추가되었다. const로 변수를 정의하면 해당 변수에는 값을 재할당할 수 없다. 그러므로 다음과 같은 코드는 유효하지 않다.

```
const count = 2;
count = count + 1; // 잘못된 코드
```

let이나 var로 선언된 변수는 재할당할 수 있다. let으로 선언된 변수는
선언된 블록 내에서만 사용 가능하다.

이 책의 일부 예제들은 var는 물론이고 let과 const를 사용하고 있다.
그렇다고 각 예제에서 왜 이것을 사용해서 선언했는지 파악하려고 너무
노력할 필요는 없다.

A.2 모듈 불러오기

컴포넌트와 자바스크립 모듈을 내보내기(export) 위해 CommonJS 모
듈 문법을 주로 사용한다(예제 A-1). 이 방식은 다른 모듈을 불러오기 위
해 require를 사용하고 파일의 내용을 다른 모듈에서 사용할 수 있게 하
기 위해 module.exports에 값을 할당한다.

예제 A-1 CommonJS 문법을 이용한 모듈 내보내기와 불러오기

```
var OtherComponent = require('./other_component');

class MyComponent extends Component {
    ...
}

module.exports = MyComponent;
```

ES6 모듈 문법[1]에서는 export와 import 명령어를 사용한다. 예제 A-2는
앞의 코드와 같은 내용을 ES6 모듈 문법으로 구현한 것이다.

예제 A-2 ES6 모듈 문법을 이용한 모듈 내보내기와 불러오기

```
import OtherComponent from './other_component';

class MyComponent extends Component {
    ...
}

export default MyComponent;
```

---

1 *https://developer.mozilla.org/en-US/docs/Web/JavaScript/Reference/Statements/import*

A.3 비구조화

비구조화 할당(Destructuring assignments)[2]을 이용하면 간략한 표현으로 객체에서 데이터를 쉽게 추출할 수 있다.

다음은 ES5 호환 코드이다.

```
var myObj = {a: 1, b: 2};
var a = myObj.a;
var b = myObj.b;
```

같은 일을 하는 코드를 비구조화 할당 표현식으로 작성하면 훨씬 간단명료해진다.

```
var {a,b} = {a:1,b:2};
```

import 구문에서 비구조화 할당이 사용되는 것을 많이 보게 될 것이다. 사실은 react를 import할 때 리액트 객체 자체가 넘어온다. 비구조화 문법을 사용하지 않을 경우 예제 A-3과 같이 사용하게 된다.

예제 A-3 비구조화 문법을 사용하지 않고 컴포넌트 클래스 불러오기

```
import React from "react";
let Component = React.Component;
```

하지만 비구조화 문법을 사용하면 예제 A-4와 같이 간단해진다.

예제 A-4 비구조화 문법을 사용하여 컴포넌트 클래스 불러오기

```
import React, { Component } from "react";
```

A.4 함수 축약 표현식

ES6의 함수 축약 표현식[3]도 유용하다. ES5 호환 자바스크립트에서는 예제 A-5에서처럼 객체의 메서드에 해당하는 함수를 선언했다.

---

2 *https://developer.mozilla.org/en-US/docs/Web/JavaScript/Reference/Operators/Destructuring_assignment*

3 *https://developer.mozilla.org/en-US/docs/Web/JavaScript/Reference/Functions/Method_definitions*

예제 A-5 ES5 호환 함수 선언

```
render: function() {
    return <Text>Hi</Text>;
}
```

function이라고 매번 입력할 필요가 없다. 예제 A-6은 앞의 함수를 ES6 함수 축약 표현식으로 표현해본 것이다.

예제 A-6 축약 표현식으로 함수 선언하기

```
render() {
    return <Text>Hi</Text>;
}
```

A.5 두꺼운 화살표 함수

ES5 호환 자바스크립트에서는 함수가 실행되는 콘텍스트(context, 예를 들어 this 변수)를 명확히 하기 위해 함수 실행 시 bind 명령을 이용하곤 한다(예제 A-7). 콜백(callback)을 다룰 때 특히 많이 사용한다.

예제 A-7 ES5 호환 자바스크립트에서 수동으로 함수 바인딩하기

```
var callbackFunc = function(val) {
    console.log('Do something');
}.bind(this);
```

두꺼운 화살표 함수(Fat Arrow Function)[4]는 자동으로 바인딩되기 때문에 따로 바인딩해줄 필요가 없다(예제 A-8).

예제 A-8 바인딩을 위해 두꺼운 화살표 함수 사용하기

```
var callbackFunc = (val) => {
    console.log('Do something');
};
```

---

4 *https://developer.mozilla.org/en-US/docs/Web/JavaScript/Reference/Functions/Arrow_functions*

A.6 파라미터 기본값

예제 A-9에서와 같이 함수의 파라미터 기본값을 지정할 수 있다.[5]

예제 A-9 파라미터 기본값 지정하기

```
var helloWorld = (name = "Bonnie") => {
        console.log("Hello, " + name);
}

helloWorld("Zach"); // Prints "Hello, Zach"
helloWorld(); // Prints "Hello, Bonnie"
```

이 문법은 파라미터의 기본값을 지정하고 싶을 때 사용하면 편리하다.

A.7 문자열 조립

ES5 호환 자바스크립트에서 문자열을 만들 때 예제 A-10과 같은 방식으로 사용했을 것이다.

예제 A-10 ES5 호환 자바스크립트에서 문자열 조립

```
var API_KEY = 'abcdefg';
var url = 'http://someapi.com/request&key=' + API_KEY;
```

ES6에서는 여러 줄에 걸친 문자열 조립을 지원하는 템플릿 문자열[6]을 제공한다. 문자열을 백틱(backtick, `)으로 감싸면 ${} 문법을 이용하여 문자열 중간에 변수의 값을 넣을 수 있다(예제 A-11).

예제 A-11 ES6의 문자열 조립

```
var API_KEY = 'abcdefg';
var url = `http://someapi.com/request&key=${API_KEY}`;
```

---

5 (옮긴이) 기본값을 따로 지정하지 않으면 자바스크립트에서 파라미터의 기본값은 undefined이다.
6 *https://developer.mozilla.org/en-US/docs/Web/JavaScript/Reference/template_strings*

A.8 Promise 다루기

Promise(프로미스)는 나중에 실행되는 무언가를 나타내는 객체라 할
수 있다. 성공과 실패 콜백 처리를 직접 구현할 필요가 없도록 promise
는 비동기 연산을 대응하기 위한 API를 제공한다.

성공 콜백과 실패 콜백이 하나씩 있다고 해보자.

예제 A-12 두 콜백의 정의

```
function successCallback(result) {
    console.log("It succeeded: ", result);
}

function errorCallback(error) {
    console.log("It failed: ", error);
}
```

예제 A-13처럼 예전 방식으로 함수를 작성하게 되면 두 콜백을 함수 호
출 시 파라미터로 넘기고 나중에 성공과 실패에 따라 하나가 실행될 것
이다.

예제 A-13 예전 방식의 자바스크립트에서 사용하는 성공과 실패 콜백을 넘기기

```
uploadToSomeAPI(successCallback, errorCallback);
```

Promise 기반 문법에서는 성공과 실패에 대한 콜백을 예제 A-14처럼
넘기게 된다.

예제 A-14 성공과 실패 콜백을 promise에 넘기기

```
uploadToSomeAPI().then(successCallback, errorCallback);
```

이 두 가지 예는 아주 비슷해 보이지만 콜백이나 실행해야 할 비동기 연
산이 많을 경우 그 차이는 뚜렷해진다. API를 통해 데이터를 업로드하
고, UI 갱신하고, 새로운 데이터를 전달해야 하는 일을 순차적으로 해야
한다고 가정해보자.

이를 예전 콜백 방식으로 작성하면 콜백 지옥(callback hell)이라 불
리는 상황에 순식간에 빠지게 될 것이다(예제 A-15).

예제 A-15 여러 콜백을 연속적으로 연결하면 코드가 지저분해지고 반복적으로 작성하는 코드가 많아진다.

```
uploadToSomeAPI(
  (result) => {
    updateUserInterface(
      result,
      uiUpdateResult => {
        checkForNewData(
          uiUpdateResult,
          newDataResult => {
            successCallback(newDataResult);
          },
          errorCallback
        );
      },
      errorCallback
    );
  }, errorCallback
);
```

Promise를 이용하면 예제 A-16과 같이 then 함수로 순차적인 연결을 할 수 있다.

예제 A-16 promise를 이용하여 여러 동작을 간단히 연결

```
uploadToSomeAPI()
  .then(result => updateUserInterface(result))
  .then(uiUpdateResult => checkForNewData(uiUpdateResult))
  .then(newDataResult => successCallback(newDataResult))
  .catch(errorCallback)
```

이렇게 하면 코드가 간결한 상태로 유지된다. 또한 함수를 작성할 때마다 콜백 처리를 다시 구현할 필요가 없다.

부록 B

애플리케이션 앱 스토어에 배포하기

멋진 앱을 다 만들었다면 이제 사용자에게 이 앱을 선보일 차례이다.

배포용 앱을 빌드하고 배포하는 절차는 플랫폼에 따라 다르다. 구글과 애플은 주기적으로 이 과정에서 필요한 세부사항들을 바꾼다. 하지만 기본 절차는 다음 틀에서 크게 벗어나지 않는다.

1. 앱 아이콘과 런치 스크린 같은 에셋을 재확인한다.
2. 타깃이 될 OS 버전과 디바이스 종류를 결정한다.
3. 배포용 빌드 파일을 생성한다.
4. 개발자 계정 만들기
5. 앱 스토어와 플레이 스토어에 앱 정보 등록하기(예를 들어 프로모션 스크린 샷).
6. 베타 테스터에게 앱을 보내고 피드백을 받는다.
7. 앱 심사 요청을 한다.
8. 앱 배포

B.1 앱 에셋 확인과 타깃 OS 버전과 디바이스 지정하기

이 단계는 개발 과정에 확인하는 것이 쉽다. 여러분이 타깃으로 하는 디바이스에 따라 앱 아이콘과 런치 스크린이 정확한 크기와 해상도로 지정되었는지 확인해야 한다.

이미지나 비디오 같은 앱에서 사용하기 위한 다른 에셋들도 마찬가지로 타깃 디바이스별로 맞는 버전이 포함되었는지 확인하자.

B.2 배포를 위한 릴리스 빌드 만들기

사용자에게 앱을 전달하려면 앱 배포를 위한 릴리스 빌드를 만들어야 한다. 이 버전에는 리액트 네이티브 패키저로부터 받은 것이 아닌 번들링된 자바스크립트가 포함되는데 디버깅도 비활성화되어 있다.

공식 리액트 네이티브 문서에는 iOS와 안드로이드별로, 배포를 위한 릴리스 빌드를 만드는 방법에 대해 나와있다.[1]

B.3 개발자 계정 만들기

안드로이드 디바이스에 앱을 배포하려면 구글 플레이에 등록해야 한다.[2] 마찬가지로 앱 스토어에 앱을 등록하려면 애플 개발자 계정을 등록해야 한다.[3]

이 등록 과정에서 연락처나 지불 정보와 같은 다른 일반적인 정보도 제공해야 한다.

B.4 앱 베타 테스트

다양한 운영체제 버전과 다양한 디바이스에서 앱을 테스트하고 싶을 것이다. 화면을 가로로 했을 때(landscape)와 세로로 했을 때(portrait) 어

---

1   *https://facebook.github.io/react-native/docs/running-on-device.html*
2   *https://developer.android.com*
3   *https://developer.apple.com*

떻게 될까? 배터리가 방전되기 직전이라면? 네트워크 속도가 느린 상황이라면? 앱 사용 도중 다른 푸시 알림(push notification)이 뜬다면?

실제 사용자를 만날 수 있는 가장 좋은 방법은 실제 상황에서 앱을 실행해보는 것이다. 플레이 스토어와 애플 스토어 모두 앱을 베타 테스터에게 배포할 수 있도록 도와주는 서비스를 제공한다.

B.5 앱 정보 등록하기

사람들에게 앱을 다운받도록 설득해야 한다. 앱 홍보를 위한 스크린샷과 적합한 카테고리, 설득력 있는 앱 설명글을 준비하자.

다 준비되었다면 앱 심사를 요청할 수 있다.

B.6 앱 심사 기다리기

웹사이트는 하루에도 몇 번이고 새로운 코드를 배포할 수 있다. iOS 앱 스토어와 구글 플레이 스토어의 배포 과정은 훨씬 복잡하고 새로운 버전이 배포되려면 앱 심사를 거쳐야 한다. 심사에 걸리는 시간은 하루에서 수주에 이르기까지 다양하다. 따라서 앱을 등록하고 심사하는 기간을 개발 계획 초기부터 반드시 고려하는 것이 좋다.

B.7 배포

열심히 노력해서 나만의 앱을 완성하고 앱 스토어를 통해 사용자를 만나는 일은 정말 가슴 뛰는 일이다. 하지만 앱을 배포하는 것은 시작에 불과하기에 지속적인 업데이트가 필요하다. 손쉽게 자주 배포할 수 있는 웹과 달리, 새로운 버전의 iOS 앱은 배포하는 데 더 많은 시간이 필요하다 보니 배포 주기는 상대적으로 길다. 많은 iOS 사용자는 자동-업데이트 기능을 활성화하지 않기 때문에 각 버전마다 완성도에 신경 써야 한다. 업데이트나 버그를 수정한 앱을 앱 스토어에 등록할 때마다 애플 심사를 거쳐야 한다. (정말 심각한 버그일 경우 긴급 심사를 요청할 수는 있지만 신중히 사용해야 한다.)

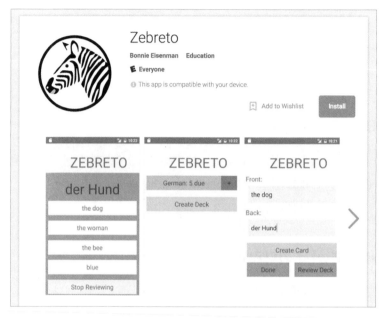

그림 B-1 플레이 스토어에 등록된 플래시카드 앱

앱이 등록된 것을 축하한다!

Learning **React Native**

부록 C

Expo 애플리케이션 다루기

Expo는 Xcode나 안드로이드 스튜디오 없이 리액트 네이티브 앱을 개발할 수 있게 해주는 도구이다. Create React Native App 도구를 이용해서 프로젝트를 생성하는 프로젝트가 곧 Expo 프로젝트이다.

Expo를 이용하면 물리적인 디바이스에서 개발 중인 앱을 쉽게 실행할 수 있고 처음 리액트 네이티브를 시작할 때 필요한, 많은 귀찮은 단계를 건너뛸 수 있다. 그렇다 보니 리액트 네이티브를 이용한 개발을 배울 때 더할 나위 없이 좋다.

expo.io[1]에서 Expo에 대한 더 많은 내용도 확인할 수 있고 Expo 모바일 앱도 설치할 수 있다.

C.1 Expo에서 eject하기

사용자 정의 네이티브 코드를 사용하는 프로젝트(모듈 설치를 위해 react-native link를 해야 하는 경우)는 Expo에서 동작하지 않는다 Expo의 eject 명령은 Expo 프로젝트를 전형적인 리액트 네이티브 프로젝트로 바꿔준다. 이는 단방향 마이그레이션으로 다시 Expo 프로젝트로 돌아갈 수 없다.

---

1 *https://expo.io*

iOS 앱 스토어나 구글 플레이 스토어로 빌드하고 배포할 때 세부적인 사항을 다루고 싶다면 eject가 필요할 수 있다.

더 많은 정보는 Create React Native App 문서[2]를 살펴보길 바란다.

---

2 *https://github.com/react-community/create-react-native-app*

찾아보기